# 健康对中国经济不平等的影响

田艳芳／著

# 中国经济中长期
# 发展问题

# 目 录

序 …………………………………………………………………… 001

## 一、高速经济增长的背后 …………………………………………… 001
（一）经济增长加剧社会不平等 …………………………………… 001
（二）包容性增长 …………………………………………………… 002
（三）扩大机会——建立更强大的人力资本基础 ………………… 004
（四）不容忽视的健康资本 ………………………………………… 005

## 二、中国经济不平等状况 …………………………………………… 007
（一）就业不平等 …………………………………………………… 008
（二）收入不平等 …………………………………………………… 014
（三）教育不平等 …………………………………………………… 019
（四）健康不平等 …………………………………………………… 024

## 三、经济不平等的原因 ……………………………………………… 032
（一）非人力资本因素 ……………………………………………… 032
    1. 经济增长模式选择 …………………………………………… 032
    2. 政策选择 ……………………………………………………… 034
    3. 制度设计 ……………………………………………………… 036
（二）人力资本因素 ………………………………………………… 038

1. 教育和培训 ·················································· 039
　　2. 迁移 ························································ 041
　　3. 健康 ························································ 043

## 四、健康和经济不平等 ············································ 045
（一）健康的概念和度量 ············································ 045
（二）经济不平等对健康的影响 ······································ 053
（三）健康对经济不平等的影响 ······································ 055
　　1. 健康的劳动市场效应 ········································ 055
　　2. 健康对就业的影响 ·········································· 057
　　3. 健康对工资和收入的影响 ···································· 060
　　4. 健康的教育和婚姻效应 ······································ 063

## 五、健康状况和健康不平等分布状况 ································ 067
（一）居民健康分布情况 ············································ 069
（二）健康不平等状况 ·············································· 072
　　1. 健康集中曲线 ·············································· 072
　　2. 健康集中指数 ·············································· 073
　　3. 健康不平等分解 ············································ 075
　　4. 健康不平等变动分解 ········································ 080

## 六、健康对经济不平等的影响的实证分析 ···························· 082
（一）健康对就业的影响 ············································ 082
　　1. 健康状况对劳动参与率的影响 ································ 082
　　2. 健康状况对工作时间的影响 ·································· 092
（二）健康对工资率的影响 ·········································· 098
　　1. 估计方法 ·················································· 098
　　2. 健康对工资率影响的验证 ···································· 102
（三）健康对工资不平等的贡献 ······································ 107

  1. 测算方法 …………………………………………… 107
  2. 可添加的解释变量 ………………………………… 111
  3. 经验分析：健康对工资不平等变化的贡献 ……… 112
 （四）健康对教育的影响 ………………………………… 115

**七、健康投资的再分配效应** ………………………………… 117
 （一）卫生支付的再分配效应分解方法 ………………… 119
  1. 卫生筹资公平性指数 ……………………………… 119
  2. 卫生支付的垂直不平等 …………………………… 120
  3. 卫生支付的水平不平等 …………………………… 121
  4. 再分配效应度量 …………………………………… 121
 （二）我国1989—2009年卫生支付的再分配效应分解 …… 123

**八、研究结论与政策建议** …………………………………… 128
 （一）研究结论与展望 …………………………………… 128
 （二）政策变迁与政策借鉴 ……………………………… 128
  1. 我国公共卫生政策变迁 …………………………… 128
  2. 他山之石 …………………………………………… 130
 （三）政策建议 …………………………………………… 141

**参考文献** …………………………………………………… 144

# 序

公平是社会追求的主要目标之一，收入公平是事后意义上的公平，而健康和教育属于事前意义上的公平，是社会成员在机会上的公平。为了扩大机会，政策的着眼点需要放在提高基本人力资本投资的质量上。旨在消除不平等，促进社会团结的公共政策中，教育和健康公平都应该优先予以考虑。

以往研究人力资本和人力资本投资对经济不平等影响的文献重点都放在教育投资上。健康状况由于受到个人基因、生活习惯等复杂因素的影响，也由于健康度量方法的困难，数据的不可得和健康与经济不平等关系的复杂性，使得这方面的研究不充分。经常用来衡量健康的一些总合指标例如死亡率、预期寿命等，不仅不能反映与经济不平等的关系，甚至会掩盖经济不平等的现状。本书使用微观数据和宏观数据相结合的方式分析健康对经济不平等的影响，并评估中国在健康公平追求中的真实效果。

本书运用统计分析和计量分析方法，在对经济不平等和健康差异状况作出统计分析后，以个人健康状况对劳动力市场表现的影响为中介，分析健康状况对个体经济地位差异的影响。本书研究发现健康是造成个人之间经济地位不平等的原因之一。个人的健康资本存量会随着年龄增长和人体的自然衰老而逐渐贬值，还会因疾病而急剧贬值，但是也可以通过健康投资的增加而增加。因此健康投资的公平性尤其重要，个人健康投资差异应由政府的公共投资弥补，以缩小健康不平等进而缩小人们之间的经济不平等。

# 一、高速经济增长的背后

## （一）经济增长加剧社会不平等

人们对三十多年来中国经济持续高速增长，感到欢欣鼓舞。但是，中国经济多年的高速增长也凸显出经济不平等的加剧，并进而引发和加深了更多的社会矛盾。在一部分人富裕的背后还存在着更多人的穷困。透视中国经济快速增长背后，是更多的社会福利支出转移到由普通家庭来负担。家庭在教育、医疗和住房上新增的开支不断增大，解释了为什么中国引人注目的经济增长不能在国民福利上体现出来。因为这种经济增长一部分是以国民福利的牺牲为代价而换来的。2012年的一项调查显示四分之三的中国人都认为自己的生活自改革以来大为改善。但是总体福利的增进并不意味着福利分配不存在问题。与总体福利改善得到一致认同一样，近年来的经济发展成果并没有平等地为每个人所共享也是另一个得到一致认同的观点。同一个调查显示：81%的受访者认为当前中国社会正处在富者更富、穷者更穷的状况；87%的受访者认为贫富差距不断扩大是当前中国社会的一个大问题（其中48%受访者认为是极其严重的问题）；只有45%的受访者认为在当前社会中成功归因于努力工作。①

---

① 数据来源于2012 Pew Global Attitudes Survey in China，该调查自2012年3月18日—4月15日，覆盖中国三大经济中心区域，20多个城市，选取3177名调查者面对面访谈，其中城镇户口为55%。

缺少广泛基础的经济增长并不能带来经济的真正发展。正如20世纪初美国政治家亨利·乔治（Henry George）所说："如果经济增长只是使富裕之家和贫困之家的差距更加悬殊，进步就不是真正的进步，它也难以持久。塔楼在基础上倾斜了，每增加一层只能加速它的最终崩溃。等于把金字塔尖顶朝下竖立在地上。"①

经济不断增长，社会矛盾丛生，收入差距过大成为整个社会关注的问题，而为了社会稳定，政府在增加居民收入、缩小收入差距方面采取了许多政策。政府在分配上的工作其实有两个：一是维护合理的收入分配，二是保证每个人都有培养和发挥能力的机会，即机会平等，尤其是人力资本获得上的平等，即教育资源和健康资源上的平等。

社会公平是关系到生命与死亡的问题。它影响人们的生活方式、生病的后果以及过早死亡的风险。在这个世界上，我们可以看到许多国家的预期寿命和良好健康状况持续增加，其中包括中国，但是绝对数量的增长并不能掩盖存在的问题。苏迪·阿南德（Sudhir Anand）和马丁·拉瓦雷（Martin Ravallion, 1993）的一些统计很有意思。他们在跨国比较的基础上的确发现寿命期望值与人均国民生产总值有显著的正相关，但是这一相关关系主要是通过国民生产总值对以下两个因素的影响而表现出来的：（1）收入，特别是穷人的收入；（2）公共支出中专门用于医疗保健的那部分。事实上，当将贫穷和医疗保健公共支出单独列出作为两个解释变量时，人均国民生产总值与寿命期望值的联系看上去就完全消失了。因此经济增长的影响，在很大程度上取决于经济增长的成果如何使用及分配。

## （二）包容性增长

保证普通民众都能分享经济增长所带来的好处，中国的发展战略应重视以机会均等为基础的包容性增长——亚洲开发银行在其举办的研讨会上首次提出了"包容性增长"（inclusive growth）这一概念。根据亚洲开发银行统计数据显示，在过去30年中，中国贫困人口比例大幅度下

---

① [美]亨利·乔治著：《进步与贫困》，吴良健、王翼龙译，商务印书馆1995年版。

降,但是与此同时,基尼系数也显著上升。中国的基尼系数已经从1981年的0.31上升至2004年的0.47。城乡及地区间收入的不同步增长,造成了收入差距的日益扩大。1985年至2005年间,城乡人均收入的比例由1.9:1上升至3.2:1,而沿海地区和西部省区的人均收入比例由1.4:1上升至2:1。

这种状况表明,中国经济增长的分享性仍然有待改进。亚行首席经济学家认为:一方面,和谐社会必须建立在持续高速的经济增长基础之上,只有通过增长才能创造就业及其他发展机会;但另一方面,和谐社会必须提供充足的社会公共服务和基础设施,并保证享受这些服务和设施的机会均等,使社会全体成员都能够获得经济发展带来的实惠。而这就是包容性增长战略的实质所在。

促进机会均等,需要对教育、卫生、医疗及其他社会公共服务方面进行投资,以提高民众特别是弱势群体的发展潜能;还要通过完善社会保障体系,消除极端贫困。包容性增长(inclusive growth)指的是不能仅仅为了增长而增长。经济增长应该是人均国民收入的增长。现在的问题是它如何影响人民的生活,怎样让人民更富有,生活的质量更高,以及让人民拥有更多的经济活动自由。重要的是要看是否每个人都从增长中获益。"包容"意味着很多人都受益于"经济增长"中产生的公共资源,而这些可以用作基础教育、基本医疗以及其他社会福利等。经济增长应该被诠释为人民生活质量的提高,发展的深入,这些都是"包容性增长"的重要内容。更多人群可以从(经济增长)中获益,即使仍有一些人还没能立刻从经济中获益,我国近十年来的发展充分证明了公共资源可以被用来推广教育和医疗保健。

所以,包容性经济增长的内涵可以概括为:利用经济增长带来的资源去发展社会服务事业,如教育、医疗保健以及其他改善人民生活的措施。

### （三）扩大机会——建立更强大的人力资本基础

世界银行 2007 年报告中指出："赋予每个公民机会平等，要求国家创造尽可能多的赚取收入的机会和培养出能够利用这些机会的人力资本。为了培养人力资本，就需要提供基本的教育和卫生保健，特别是为儿童提供基本技能和健康的基础。因为青年人在进入劳动力市场之前的脆弱年代里，面对着众多的健康威胁。青年人的学习能力要比年纪大的人强得多，一旦错过了掌握技能、养成良好卫生习惯的机会，重新弥补的代价将十分高昂。而且青年人人力资本的成果又将会影响到他们的下一代。受过良好教育的父母通常有更少、更健康和受到更好教育的孩子。从长期来看，这种代际之间的传递有助于缩小代际之间的不平等，帮助一些家庭脱贫。"

虽然更公平的竞争环境往往可以缩小学习成绩、健康状况和收入方面的结果不平等，但政策并不能保证完全的结果公平。因为个人偏好、天赋、努力程度和机遇不同，即使机会完全平等，结果也总是存在差别。结果当然重要，但机会的质量同样至关重要，这就意味着公共政策的中心应该是资本、机会和政治发言权的分配，而不是直接干预收入不平等。

合理的政策应该是通过增加对贫困人群的人力资本投资，以更公平的方式提供更多的公共服务、信息和市场，从竞争环境的公平化入手，促进从"不平等陷阱"向平等和发展的良性循环转变。这种政策比最低工资制度等直接干预收入分配的政策更加有效，也是从根本上提高低收入群体的方法。因为最低工资制度等政策只能保证贫困人口一定的生活水平，并不能缩小贫困人口与富裕人口之间的能力差别和机会差别，对于缩小他们之间收入差别的作用也十分有限。

以往对人力资本投资的研究集中在教育投资上，健康由于受到个人基因、生活习惯等复杂因素的影响，一直以来被认为是个人的事情，与政府公共政策关系不大。在研究中，也大多忽视了健康作为人力资本的一种重要形式的作用。而以往经常用来衡量健康的一些总合指标例如死亡率、预期寿命等，并不能反映出那些会对人们今后的健康产生风险的生活习惯。

### （四）不容忽视的健康资本

尽管"健康是一种权利",是人的基本生存权,但是由于部分可用于健康的资源总是被分配到其他用途上,因此,"健康权"总是得不到充分的实现。从个人角度而言,大多数人的日常行为方式也违背健康原则;从国家角度而言,如何更好地提供医疗保健;如何更有效公正地分配医疗资源都是很重要的问题。经济学观点认为,资源是稀缺的,资源的用途又是多样的,因此个人和社会都面临选择。其中一种选择叫跨期选择,指人们需要决定当期消费还是未来消费,未来消费部分即是投资,这种投资既可以是实物投资,也可以是人力资本投资,健康就是人力资本投资的一部分。

"我们应该知道的不仅是人们有多少钱,还应该包括,他们怎样生活、他们的寿命、受到的教育、得到的医疗服务、拥有的政治权利和经济权利等,收入公平是在事后意义上的,而健康公平却是在事前意义上的,是一种社会成员在机会上的公平。在旨在消除不平等,促进社会团结的公共政策中,健康公平应该优先予以考虑"(Amartya Sen, 2002)。市场机制在一定条件下取得了巨大的成功,这些条件就是所提供的机会可以被合理地分享。为了使这些条件得以发生,就需要有适当的公共政策(涉及学校教育、医疗保健等)来提供基本教育、普及初级医疗设施。甚至在极其强烈地需要经济改革来允许市场有更大的空间时,这些非市场设施仍然要求细致的坚决的公共行动(Stern, 1989)。

由以上的背景可以思考中国社会当前存在的一些问题:第一,除了大家普遍关注的收入不平等,其他经济不平等状况如何,是否如收入不平等一样加剧?第二,为什么要重视健康投资,健康对人的经济地位有影响吗,如何影响?第三,中国健康不平等情况严重吗?第四,这种医疗卫生不平等状况是否影响经济不平等?第五,公共医疗卫生财政是否有效地调节了收入分配,缩小了人们之间的经济地位差异?

现有研究已经证明,健康是人力资本的重要组成部分,因此,从政策角度来看,减少健康不平等可以在一定程度上减轻经济不平等。通过加大健康投资减少健康不平等成为一项可行的政策选择，这是因为个人健康资本存量会随着年龄增长和人体的自然衰老而逐渐贬值，但是也可以通过健康投资的增加而增加（Grossman，1972）。健康投资在狭义上，主要指为了提高健康水平，在医疗服务和健康保障方面所耗费的经济资源。从这个意义上讲，居民或个人既是消费者，同时又是投资者，健康正是投资所要的结果（Becker，1987）。尽管健康投入由许多复杂因素相互作用组成，但卫生尤其是医疗服务投入一直被视为最重要的健康投资指标（朱玲，2002）。但是，在扩展的收入函数基础上，发现个人健康投资（预防保健支出和医疗卫生支出）和公共健康投资（医疗机构床位数）都是收入不平等的重要影响因素，而收入不平等又是经济不平等的最重要组成部分。

## 二、中国经济不平等状况

　　一些人迫切的需要和需求没有得到满足,而其他人不很迫切的需要和需求则获得满足,这里令人大伤脑筋的不是收入和财富方面的不平等,我们思考的是除非存在着严重匮乏,否则起码所有人的基本需要都应该得到满足。控制经济不平等是为了防止社会上的一部分人支配另一部分人,使每个人都能有尊严的生活。当经济不平等和社会不平等变得非常严重的时候,它们就会倾向于支持政治的不平等。正如密尔所说的,政治权利的基础是(受过教育的)智力、财力和联合力。所谓联合力是指在追求自己的政治利益时同别人合作的能力。这种权力容许一小部分人依靠他们对国家机器的控制来制定使他们在经济中占有统治地位的法律制度和财产制度。严重的经济不平等和社会不平等通常与社会地位的不平等是连接在一起的,而这种社会地位的不平等鼓励地位更低的人们将自己看作下等人,也鼓励别人将他们看作下等人,这样反过来又会加深了经济不平等和社会不平等,对于整个社会的发展和稳定都严重不利。①

　　在很多经济学研究中,对不平等所赋予的相对重要性都只局限于非常狭窄的领域,即收入不平等。这种狭窄性限制了我们从其他角度去看待不平等和公平。这对制定经济政策具有深远影响。确实,由于过分强调收入贫困和收入不平等,而忽略了与贫困有关的其他因素,如失业、缺医少药、缺乏教育以及受到社会排斥等,以使政策辩论受到扭曲,不幸的是,

---

① [英]约翰·密尔著:《论自由》,程崇华译,商务印书馆1959年版。

把经济不平等等同于收入不平等是经济学中相当常见的现象,而且这两者常被当作实际上的同义词(阿马蒂亚·森,2002)。本书倾向于从就业、教育、健康和收入等更广泛的领域反映经济不平等现象,因为它们之间是互为因果的。

## (一)就业不平等

许多观点认为就业的增长是由经济增长保证的,只要经济增长保持一定的速度,就业会自动增长。在改革开放初期,迅速发展的非国有经济大大缓解了就业压力,吸纳了数量众多的劳动力就业。第三次人口普查显示,在1982年,中国的城镇失业率只有2.9%,根据计算所得的调查失业率数据也大致如此,全国绝大部分省份的失业率都在4%以下。低失业率一直持续到90年代中期。包括"减员增效"在内的国有企业改革,导致了大批的下岗职工,在国有经济部门就业的人数从1995年的1.44亿人下降到2007年的6424万人。与此同时,中国的失业率也开始大幅上升,表2—1给出了1997—2012年登记失业率和调查失业率的数据。失业问题并不是一夜之间冒出的,由于用工制度改革前,企业不具有独立的雇佣决策,因此大部分企业都存在很严重的冗员问题,只是通过改革将冗员释放而已,加上宏观经济由短缺过渡到结构性过剩,所以虽然经济仍然保持了高增长,但是失业率也居高不下。这个时期中国出现了经济高速增长与就业情况恶化同时并存的情况。

要了解和理解当前就业状况,必须回顾一下劳动力市场几十年来的发展历程。劳动力市场是生产要素市场的重要组成部分,劳动收入是中低收入者的主要收入来源,劳动收入应当等于工资乘以就业率,根据马克思的观点,工资是劳动力价值的转化形式;从其内涵讲,工资包括劳动者个人维持自身生活所需要的生活费;劳动者养育其家属和子女的费用;劳动者自身再教育和培训的费用。很显然,压低工资必须要保证劳动力生活费用的低廉,以及充分的就业概率。充分的就业率必须要降低劳动力的流动,劳动力的迅速流动会导致岗位设置与劳动就业之间的不匹配。1949年新中国建立,中国共产党人迅速意识到,引进在西方社会已发展成熟、并为苏联学习到的现代分工体系对经济发展是关键的，但这一套现代分工体系超越我国当时的发展阶段，并不符合我国的资源禀赋优势，所以必须采用非市场手段使社会生产要素流向有益这一分工体系的方向，这一整套体制与手段就构成"计划经济体制"（林毅夫、蔡昉、李周，1994）。计划经济的劳动力体制我们可以这样来总结：低物价，低工资，低失业率，低流动率。

我们可以将计划经济体制本身视作一个均衡，这个均衡中每一环都是相互嵌入的，整个社会的组织方式化解了可能产生的社会矛盾和社会冲突。虽然收入比较低，但是物价也比较低，同时生活具有十分稳定的确定性，这样每个人不需要节衣缩食提高储蓄，收入转换成为支出和生活水准的比率比较高。人们虽然"夜无隔宿之粮"，但是由于失业率很低所以并不会与企业和政府发生激烈的冲突。然后由于大多数企业都具有政府背景，属于国有和集体企业，工人对于工资的兑付、社会福利的保障，都有着充分的信任，而且国家和社会也对工作环境有着一定的规定。这一时期整个社会存在着一整套具有稳定预期的社会保障体系，同时人们对这一社会保障体系有着充分的信任。

显然，稳定的成熟的市场经济体制也可以提供稳定的成熟的劳动社会保障制度，社会公众也会对这种社会保障体制有着充分的信任。这些制度包括失业保险、工资报酬偿付制度、强制性的社会福利、劳动合同纠纷仲裁等等。中国改革开放后的经济社会改革在80年代主要是采取"增量改革"，并没有打破原有的体制，所以80年代社会经济改革产生的社会矛盾和社会冲突相对比较少一些。90年代以后在没有建立起稳定的市场经济劳动社会保障体系的基础上，大力推动国有企业改革，将社会保障责任由政府推向社会。这些问题甚至到今天仍然存在，例如2013年四大国有银行的解聘事件。

随着私营经济的繁荣，越来越多的国企陷入亏损，政府经济负担不断加重，为减轻负担政府不遗余力地采取了各种企业改制活动。但是，阻碍企业改制的最重要的因素是可能出现的大规模失业。虽然全国不同省市尝试了不同的改制模式试图解决这个问题，但是，在自由劳动力市场和社会保障体系都尚未健全之前，这一阶段的改制打破了国企的"铁饭碗",随着国企产权改革的不断推进,大部分县乡级政府控制的国企荡然无存。

上世纪90年代以前我国的物价和工资水平很低,1980年的年平均工资772元,1990年的年平均工资为2140元。这个阶段工作的人一方面工资水平低,因此储蓄非常低;另一方面工作和生活中不确定因素少,在就业、住房、子女教育、医疗、养老等各方面国家包办,人们并没有预防储蓄动机。但是到1990年后,物价和工资水平迅速上涨,2004年的年平均工资为16024元。2000年以来,教育、住房、医疗等公共服务按市场价格购买,此时就出现了价格与支付能力之间巨大的差距。一部分人因为年龄、技能、政策等因素在这个阶段退出劳动力市场,也就是说这一群人没有分享到经济增长的成果,实际购买力水平不断下降;另一部分人现在的社会保障支出是用现在的收入水平来衡量的,如果用过去的收入来应对现在的社会保障支出则明显不足,因此需要用储蓄支付,当面临过去的储蓄过少与现在的支付过高这种矛盾时,劳动力市场就成为转型期迅速分化的市场,也是矛盾和冲突最为激烈的战场。

表2—1 中国经济增长率、劳动参与率和城镇失业率(单位:百分比)

| 年份 | 经济增长率 | 登记失业率 | 调查失业率[1] | 劳动参与率[2] |
|------|------------|------------|----------------|----------------|
| 1997 | 9.3 | 3.1 | 4.50 | 75.93 |
| 1998 | 7.8 | 3.1 | 6.29 | 77.74 |
| 1999 | 7.6 | 3.1 | 5.87 | 77.50 |
| 2000 | 8.4 | 3.1 | 7.61 | 76.80 |
| 2001 | 8.3 | 3.6 | 5.55 | 75.25 |
| 2002 | 9.1 | 4.0 | 6.14 | 75.60 |
| 2003 | 10.0 | 4.3 | 6.02 | 75.57 |
| 2004 | 10.1 | 4.2 | 5.78 | 73.69 |

[1] 调查失业率=失业人口/经济活动人口,城镇经济活动人口=经济活动人口-农村就业人口,失业人口=城镇经济活动人口-城镇就业人口。

[2] 劳动参与率=经济活动人口/劳动年龄人口,其中劳动年龄人口为国家统计局最新规定的15岁以上人口。

(续表)

| | | | | |
|---|---|---|---|---|
| 2005 | 11.31 | 4.2 | 6.98 | 74.70 |
| 2006 | 12.68 | 4.1 | 6.12 | 73.48 |
| 2007 | 14.16 | 4.0 | 5.33 | 73.87 |
| 2008 | 9.63 | 4.2 | 4.4 | 79.69 |
| 2009 | 9.21 | 4.3 | 4.8 | 79.51 |
| 2010 | 10.45 | 4.1 | 6.18 | 78.44 |
| 2011 | 9.30 | 4.1 | 5.67 | 78.36 |
| 2012 | 7.65 | 4.1 | 5.57 | 78.58 |

**数据来源**：登记失业率来自《中国统计年鉴》，经济增长率、调查失业率和劳动参与率根据《中国统计年鉴》各年数据计算。

从表2—1可以看出，在1997—2000年，全国下岗失业最严重的时期，登记失业率保持四年连续不变，因此登记失业率并不能如实反映失业情况。调查失业率远高于登记失业率，但是如果不考虑劳动参与率的情况，调查失业率也不能完全反映真实状况。从表中的数据可以看到中国的劳动参与率一直呈下降趋势，由于农村家庭联产责任制的持续性使得农村劳动力的劳动参与率变化不大，因此可以认为中国劳动参与率的下降主要来自城镇劳动参与率的下降。劳动参与率下降，失业率居高不下，就业状况不容乐观。经济高速增长并没有带来就业的同步增加。20世纪90年代末期，在过去的工业城市，国有企业工人在这一阶段遭遇下岗，工资与福利被削减或中止，并失去了养老金。在城市地区，失业率据估计平均在15%，在中国东北的一些城市，失业率甚至上升到了25%。

单从数据看和欧盟一些发达国家相比，中国的失业率并不高，欧盟国家的失业率基本上都是10%以上。但这并不意味着中国的失业问题不严重，因为，在中国失业的统计对象并不涵盖农村剩余劳动力，更何况欧美国家的社会保障体系比较健全，失业的保险覆盖面较广，失业并不会造成太大的社会动荡或危机。相比之下，我国的失业保险覆盖情况远远不能和他们相比。虽然城镇职工基本上都纳入了国家失业保险,但是城镇职工并不包括大量非正规就业的城镇从业人员和大量的农民工。从图2—1可以看出,在非农就业人员中,大约只有25%的就业者参加失业保险,这一比例基本稳定了十几年。而城镇就业人员中参保比例明显高于非农就业,但也只是在40%上下浮动。

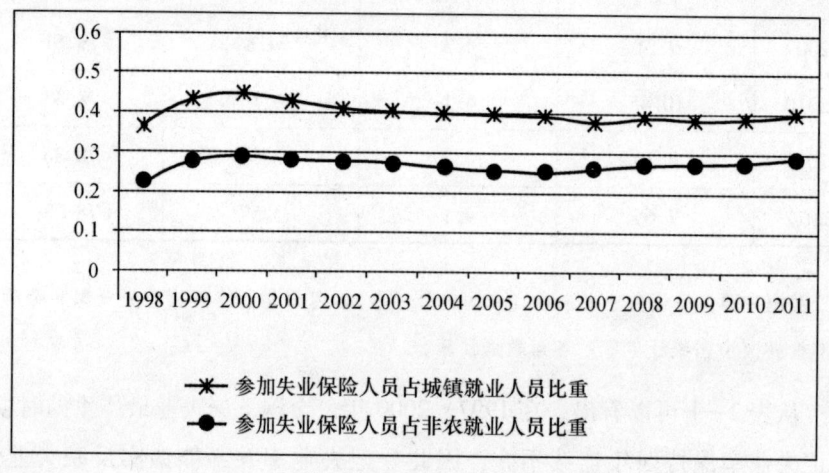

图2—1 中国失业保险覆盖情况

注:数据根据1998—2012《中国劳动统计年鉴》计算。

不仅覆盖面窄,收益面同样低。由于中国失业保险制度规定的领取失业保险补偿基本条件:一是按规定参加失业保险,所在单位及本人累积缴费时间满一年的;二是非本人意愿中断就业的;三是已办理失业登记并有求职要求的。在这些条件限定下,中国的失业人员收益率(拿到失业保险金补偿的失业人员占总失业人员的比重)很低。从表2—2可以看出,大部分年份失业保险收益率都不足50%,自2005年以来更是逐年降低。如果按照调查失业人员数,则失业人员收益率更低,最后一列数据显示,近年来中国失业保险收益率不足1/4。绝大多数的失业人员处于无任何保障的状况。因此,一旦陷入失业状况,就陷入了无任何生活保障的境况。

表 2—2　中国失业保险金收益比例

| 年份 | 登记失业人员数(万人) | 调查失业人员数(万人)① | 年末领取失业金人数(万人) | 发放失业保险金人数占登记失业人员比例(%) | 发放失业保险金人数占调查失业人员比例(%) |
|---|---|---|---|---|---|
| 2000 | 595 | 1907 | 190 | 31.93 | 9.96 |
| 2001 | 681 | 1407 | 312 | 45.81 | 22.17 |
| 2002 | 770 | 1620 | 440 | 57.14 | 27.16 |
| 2003 | 800 | 1643 | 415 | 51.88 | 25.26 |
| 2004 | 827 | 1623 | 419 | 50.67 | 25.82 |
| 2005 | 839 | 2052 | 362 | 43.15 | 17.64 |
| 2006 | 847 | 1844 | 327 | 38.61 | 17.73 |
| 2007 | 830 | 1655 | 286 | 34.46 | 17.28 |
| 2008 | 886 | 1482 | 261 | 29.46 | 17.61 |
| 2009 | 921 | 1682 | 235 | 25.52 | 13.97 |
| 2010 | 908 | 2283 | 209 | 23.02 | 9.15 |
| 2011 | 922 | 2159 | 197 | 21.37 | 9.12 |

**数据来源**：调查失业人数根据《国家统计年鉴》各年数据计算得到，领取失业金人数来自《中国劳动统计年鉴》各年数据。

即使参加了失业保险，领取了失业保险金，也决不能保证失业者就无后顾之忧了。因为中国失业保险金和失业补偿的水平偏低，并且人均领取的失业保险金占平均货币工资的比例逐年降低，替代率还达不到20%（见表2—3），保障水平根本无法保障失业者的基本生活。国际劳工组织对失业补偿的建议是：根据失业者失业前的工资或投保记录为依据，补偿标准在原工资60%以上，可以规定上限，即上限为原工资的2/3。大多数国家

---

① 利用国家统计局提供的信息估计调查失业率，即用城镇经济活动人口减去城镇就业人口，即可得出失业人口。城镇经济活动人口用国家统计局提供的城乡人口总数，减去农村就业人口数得出。农村劳动力要么在非农产业就业，要么可以被视为农业就业，失业率很低。所以，在不能获得农村真实失业率的情况下，我们假设农村经济活动人口的失业率为零。

的补偿比例都高于国际劳工组织的标准。中国的失业保险补偿替代率按照最低工资水平为基础，低于这个标准。

表2—3 中国失业保险补偿替代率

| 年份 | 年末领取失业保险金人数(万人) | 年人均领取失业保险金额(元) | 年职工平均货币工资(元) | 人均领取失业保险金占平均货币工资的比例(%) |
|---|---|---|---|---|
| 2000 | 190 | 296 | 9371 | 3.16 |
| 2001 | 312 | 2668 | 10870 | 24.55 |
| 2002 | 440 | 2654 | 12422 | 21.36 |
| 2003 | 415 | 3216 | 14040 | 22.9 |
| 2004 | 419 | 3282 | 16024 | 20.48 |
| 2005 | 362 | 3657 | 18364 | 19.91 |
| 2006 | 327 | 3846 | 21001 | 18.31 |
| 2007 | 286 | 4551 | 24932 | 18.25 |
| 2010 | 209 | 5942 | 36539 | 16.29 |
| 2011 | 197 | 7368 | 41799 | 17.63 |

数据来源：《中国劳动统计年鉴》各年数据。

对大多数家庭而言，就业收入仍然是家庭收入的主要来源，如果就业不充分，会恶化一些家庭的收入状况，进而扩大不平等，形成失业和贫困的恶性循环。因此就业不充分是经济状况不平等的一个很重要方面，分析健康状况对经济不平等的影响应该注意到健康状况对就业的影响，影响就业是中介，最终影响的还是人们之间的经济地位。

## （二）收入不平等

一些发展经济学家认为不平等是长期经济增长的一种动力，因为先富裕起来的人储蓄动机强，并且会用其收入进行更多投资。这种观点的盛行造成了增长和平等的对立和拉锯，也是我国改革初期提出的"鼓励一部分人先富以来，通过先富带动后富"的理论依据。然而改革30年过去了，虽然经济保持了30年的快速增长，但是也导致了收入差距的显著增加，这种扩大可能会影响经济后续的持续增长,并可能会因此抵消增长的成果。另一些经济学家认为发展战略应以减少明显的不平等为重,只有大部分人具备了参与增长的技能和工具,并且能够从增长中得益时,这样的经济增长和发展才是有效的。不平等及其加剧的趋势会限制和阻碍发展,以减少不平等、机会均等为目标的发展战略才是有效的战略。

中国自改革开放以来早已不是 30 年前那个不平等程度很低的国家了,中国在这 30 年间经历了收入差距的显著扩大。从国家统计局公布的城镇和农村调查数据测算来看,表示收入不平等状况的基尼系数已经从 1981 年的 0.31 上升到 2003 年的 0.453,即便经过生活成本指数调整后,这一差距有所缩小,但也从 1981 年的 0.28 上升到 2003 年 0.41。收入差距在 80 年代初期有所下降,从 80 年代中期开始一直扩大,到 90 年代中期虽有下降,但紧接着又马上进入扩大状况,且两条线的趋势一致。

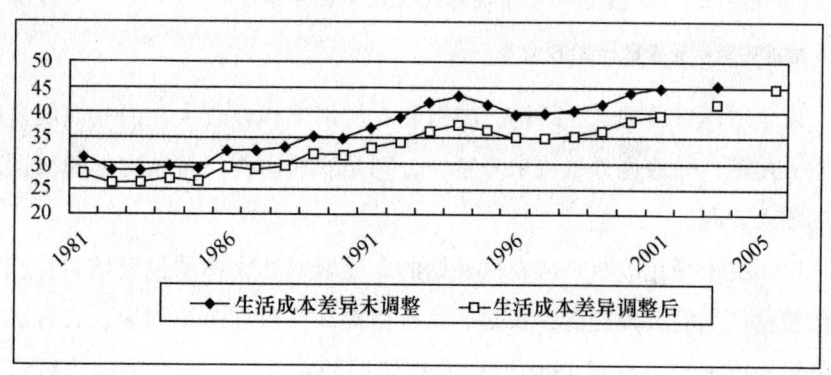

图 2—2 中国收入不平等的变化

**数据来源:** 2001 年之前的数据来源于 chen and Ravallion (2004),之后的数据来源于世界银行的测算。

收入差距的扩大使得收入越来越集中在少部分人手中,以 2003 年的数字为例,将全部人群按收入十等分组,则收入最高的 10% 占了全部收入的 29.9%,而收入最低的 10% 人口仅占有 1.8% 的收入,收入两极分化严重,最富组的平均收入是最穷组的 16.9 倍。财富分配的不平等程度要甚于收入不平等。在《2006 全球财富报告》中,显示中国 0.4% 的家庭占有 70% 的国民财富。①

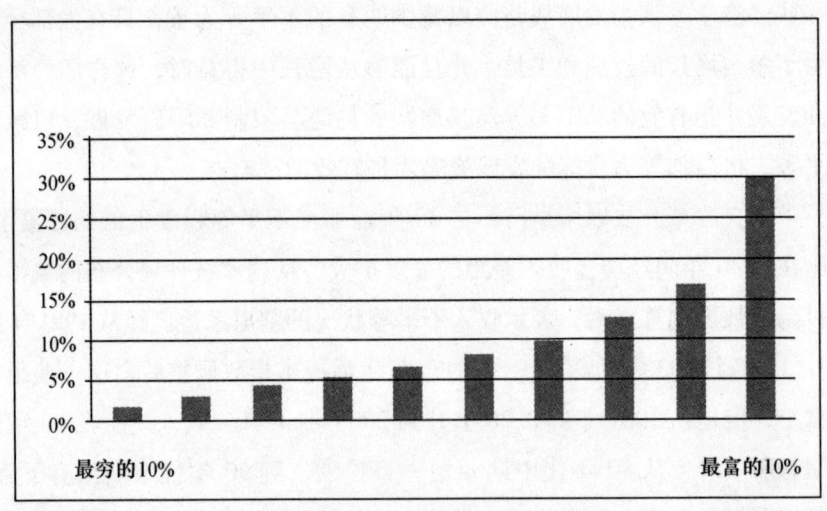

图 2—3　中国居民收入分位分布情况

**数据来源**：世界银行 2009 报告。

由于中国特殊的二元结构，城镇和农村情况相差较大，因此即便是比较收入差距，一般也分三块来考察，分别是农村内部、城镇内部和城乡之间的收入差距。

中国的市场化改革是从农村开始的，随着家庭联产承包责任制实行带来的粮食产量的大幅提高，农副产品价格提高使得在改革初期，农村居民收入迅速增加，一直到 1988 年，农村居民的收入增长速度都高于城镇居民，城乡差距缩小。由图 2—4 可以看出，在上世纪 90 年代以前，中国的城乡收入差距很小。但是从 20 世纪 80 年代中期开始，改革的重心从农村转向城市，城镇居民的收入开始出现大幅增长，并且一直高于农村居民。虽然改革成果显著，城乡居民收入都有增长，但是城镇居民收入增长的幅度远高于农村居民，此后，中国的城乡收入差距开始逐步拉大，并且越来越大。根据中国社会科学院的一项收入分配研究课题组分别对 1988、1995 和 2002 年全国收入差距的分解研究发现，城乡收入差距可以解释全国收入

---

① 引自《2009 年世界银行报告》。

差距的近一半,并且这个解释比例随时间上升,是全国收入差距扩大的主成因(李实,2008)。

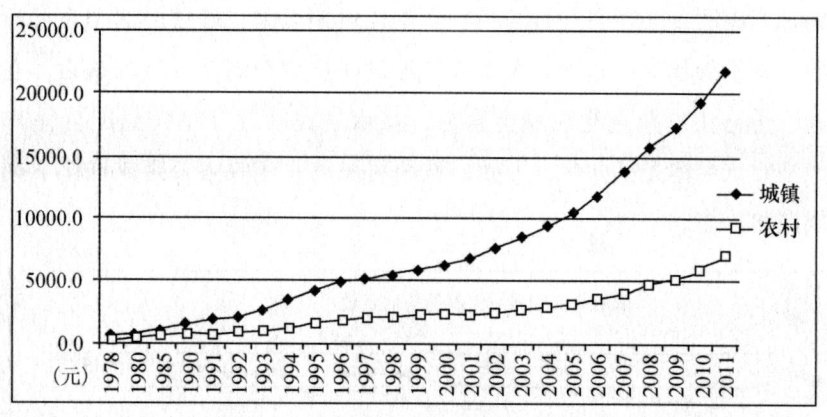

图2—4 城乡居民人均收入比较

**数据来源**:《中国统计年鉴》(1981—2013)。

除去城乡之间的收入差距,剩下的就是城镇内部和农村内部的收入差距。从图2—5中可以看出,农村内部的相对不平等状况比城镇内部要严重,这不同于其他发展中国家。虽然在80年代初期和90年代中期,农村内部的基尼系数出现过下降,但是增长的趋势是明显的。农村内部的基尼系数从1981年的0.25上升到2005年的0.38,上升了13个百分点。农村内部收入差距的扩大与农村居民收入结构变化有关,由图2—6可以看出工资性收入(包括外出打工收入)占农户家庭收入比重不断上升,从1983年的18.56%上升到2007年的38.55%,而家庭营业收入占家庭纯收入的比重从1983年的73.5%下降到2007年的53%,具体到家庭的农业经营收入,则下降比例更大,这种家庭收入结构的变化使得纯农户与非农户和半农半工户之间的收入差距拉大,同时也扩大了农村内部的收入差距。

城镇内部的基尼系数其实在整个80年代,都一直处于一个较低的水平。随着经济改革的扩大,多种经营形式的出现,打破了国有企业的平均工资制度,三资企业和民营企业的大量兴起,薪酬制度发生重大变化,涌现出大量高收入群体。另一方面,国企改革进程的不断推进,导致城市出现大量的下岗、待业以及大量存在于经营状况不佳的国有企业的在岗职工。高收入群体收入快速增长，低收入群体不断扩大，造成了城镇内部收入差距的迅速扩大，并且这一时期，城镇内部的收入差距扩大速度快于农村内部。由图2—6可以看出，自90年代后期以来，城镇内部和农村内部的收入不平等状况在趋同。大多数参加过住户调查的调查者都认为，在农村地区进行住户调查比在城市容易，城市居民往往并不情愿配合住户调查，高收入群体尤其如此，因此，城镇居民的真实收入差距或许比下列数字要高出许多。

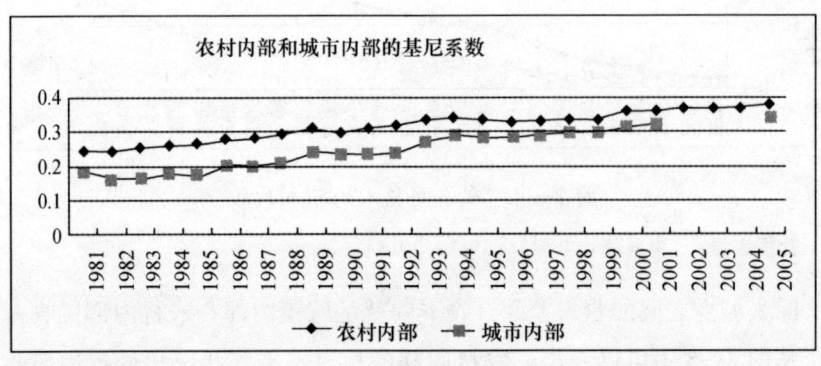

图2—5 中国农村内部和城市内部收入不平等情况

**数据来源**：李实，2008年，《中国收入分配状况》。

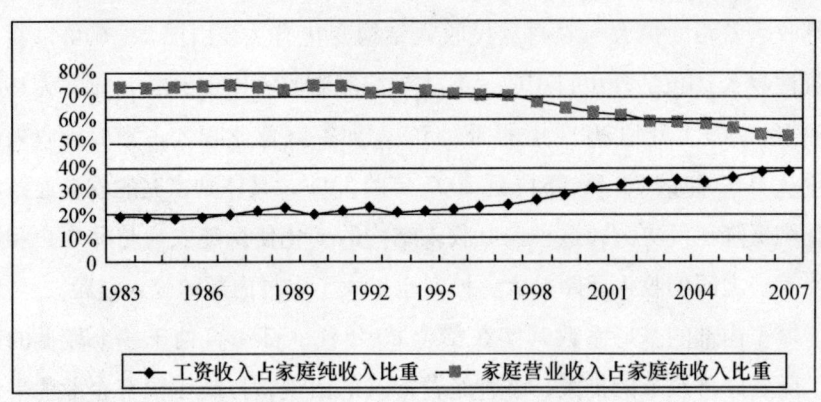

图2—6 中国居民工资收入占家庭收入比重

**数据来源**：根据《中国统计年鉴》历年数据计算所得。

现在的收入不平等已经给社会发展和稳定带来一系列问题，如果不采取真正切实有效的方法缩小差距，那么由于经济的不平等以及因此而生的政治和社会不平等都具有代际自我复制，造成下一代的机会不平等，机会和政治权力不平等对发展带来的负面影响，其伤害性可能会更大，这就是所谓的"不平等陷阱"。收入分配底端家庭的儿童与收入顶端家庭的儿童相比，营养健康状况和接受高质量教育的机会都不相同，这就意味着他们的人力资本水平由于家庭背景而出现差距。那么这些现在处于弱势地位家庭的儿童其成年后的预期收入也会低。又因为经济基础决定上层建筑，穷人在政治进程中没有发言权或者声音微乎其微，所以在影响公共开支决策以改善自己子女健康和教育状况方面也没有影响力。如此一来，收入不平等将代代相传。

## （三）教育不平等

扭转"先增长后分配"带来的恶果，为社会创造更大的平等的条件就在于确保大多数人具备参与增长的技能。这意味着公平地接受教育和得到医疗保健服务。以此才能提高贫困者的劳动生产率，从而真正改善他们的生活质量，而不再是依靠接受救济。真正的平等其实是一个社会的公共政策面向尽可能广泛的目标群体。

分析人们之间经济地位差异，教育的差异不容忽视。据中国青年报2009年对全国2952名公众进行的一项调查表明，56.5%的人认为当前教育越来越不公平，仅有11.2%的人认为教育越来越公平。教育对于任何一个社会而言都是社会阶层流动的重要机制。教育公平问题，特别是教育机会公平问题不仅影响教育事业，而且影响整个社会分层和社会经济公平问题。由于教育水平代表着个人的人力资本水平，其对于个人在劳动力市场上发挥着重要的信号作用，与个人经济收入密切相关。教育是造成人们经济状况差异的一个重要原因。因此教育不平等尤其是教育机会不平等对经济不平等意义重大。中国的教育选拔机制和教育机会分配制度在过去的几十年中，随着社会政治变迁经历了数次重大转变。同卫生体制一样，经历了被认为是世界上最公平的体制到极其不公平的转变。

通过在基础教育方面提出的义务教育，减免各级教育学费并提供生活补贴，在建国后很长一段时间内，中国的教育制度极大地弱化了个人家庭社会经济地位与教育获得之间的关系（Simkus and Andorka，1982）。Deng and Treiman（1997）使用 1982 年中国人口普查数据分析也认为当时中国居民个人教育获得与家庭背景之间几乎没有任何关系。工农兵出身的大学生比例快速增长，从 1953 年的 28% 上升到 1965 年的 71%。对于这段特殊历史时期的教育成就我们不作评判，单从教育公平角度而言，这个时期被许多人认为是社会主义国家在教育公平方面取得辉煌成就的时期（Simkus and Andorka，1982）。

改革开放后，教育作为重要的人力资本，从消除阶级差异的手段转变为选拔人才的重要手段。教育功能的转变迅速推动了教育体制的变化，这种体制转变很重要的一个方向就是从公共教育向市场教育的转变（李春玲，2003）。

伴随着经济快速增长，教育领域也取得了很大成就，以 2012 年的数据为例，全国小学净入学率为 99.71%；初中阶段毛入学率 102.1%，比上年提升 2.0 个百分点，初中毕业生升学率 88.4%；高中阶段毛入学率 85.0%；高等教育毛入学率达到 30%。青壮年文盲率降至 3.58% 以下，全国已完全推行九年制义务教育，一些地区甚至已经普及 12 年义务教育。大众教育取得了很大成就，但是成就并不能掩盖存在的问题，教育资源不均衡这个长期以来形成并一直存在的问题，并未得到很好解决。虽然为了平衡教育资源，国家财政已经加大了对农村和贫困地区的教育投入，中国的教育基尼系数在改革 30 年来不断下降（杜鹏，2005；聂江，2006；杨俊、李雪松，2007；孙百才，2009），但是城市小学和初中每个学生预算内的平均公用经费、教学设备，包括教师比例都高于农村学校。以 2007 年为例，当年城市小学生人均教育经费支出为 2121.18 元，农村为 1846.71 元；初中生人均教育经费支出城市为 2668.63 元，农村为 2190.33 元。该年购置专用设备金城市小学为 28.3 亿，农村小学为 12.5 亿；城市初级中学为 21.6 亿，农村初级中学为 10.4 亿，相差一倍多。

以上是全国平均支出比较，由于财政支出分为国家和地方，如果比较地区差距，数据更加惊人。从表2—4来看，各地教育支出存在很大差距，教育经费存在严重的不平等情况。例如2012年普通小学生人均教育经费支出最高的地区为北京，支出额为20407.62元，而最低的河南则为3458.02元；初中生人均支出最高的地区是北京，支出额为28822.01元，最低的为贵州支出仅为5403.22元。义务教育阶段后教育成本上升惊人。高中学费甚至已经使许多农村家庭不堪重负，大学费用就更是如此，一些大学对新生生源的调查发现，农村生源比例逐年降低，特别是重点高校。[①] 教育成本的上升更加导致教育资源的不平等，教育资源分配的不平等导致出现天价择校费、借读费等问题。这些择校、借读政策更进一步使得优质教育资源向高收入家庭倾斜。在加剧教育不平等的同时，也加剧了代际之间的不平等，阻碍社会阶层流动。

表2—4　各级教育生人均公共财政预算教育事业费增长情况（单位：元）

| 地区 | 普通小学 | | | 普通初中 | | | 普通高中 | | |
|---|---|---|---|---|---|---|---|---|---|
| | 2011年 | 2012年 | 增长率（%） | 2011年 | 2012年 | 增长率（%） | 2011年 | 2012年 | 增长率（%） |
| 全　　国 | 4966.04 | 6128.99 | 23.42 | 6541.86 | 8137.00 | 24.38 | 5999.60 | 7775.94 | 29.61 |
| 北京市 | 18494.11 | 20407.62 | 10.35 | 25828.16 | 28822.01 | 11.59 | 28533.85 | 31883.79 | 11.74 |
| 天津市 | 13398.02 | 14718.04 | 9.85 | 17716.32 | 20796.76 | 17.39 | 15941.80 | 17666.55 | 10.82 |
| 河北省 | 4233.89 | 4785.98 | 13.04 | 6217.00 | 7252.09 | 16.65 | 4961.13 | 7040.76 | 41.92 |
| 山西省 | 5057.71 | 5815.94 | 14.99 | 5843.14 | 6638.19 | 13.61 | 5432.50 | 7358.44 | 35.45 |
| 内蒙古自治区 | 8295.77 | 8896.05 | 7.24 | 9115.00 | 10207.12 | 11.98 | 8082.87 | 10068.71 | 24.57 |
| 辽宁省 | 6929.15 | 8067.13 | 16.42 | 9437.10 | 11489.26 | 21.75 | 6950.89 | 8979.98 | 29.19 |
| 吉林省 | 7285.90 | 8694.48 | 19.33 | 8442.78 | 10515.17 | 24.55 | 5625.00 | 7582.79 | 34.81 |
| 黑龙江省 | 6271.38 | 7893.87 | 25.87 | 6564.23 | 8689.44 | 32.38 | 5261.21 | 7518.25 | 42.90 |
| 上海市 | 17397.94 | 18543.78 | 6.59 | 22076.15 | 23771.86 | 7.68 | 23676.36 | 27271.01 | 15.18 |

---

① 调查来自新华网 http://news.xinhuanet.com/edu/2009-01/15/content_10659796.htm。

(续表)

| 地区 | 普通小学 | | | 普通初中 | | | 普通高中 | | |
|---|---|---|---|---|---|---|---|---|---|
| | 2011年 | 2012年 | 增长率(%) | 2011年 | 2012年 | 增长率(%) | 2011年 | 2012年 | 增长率(%) |
| 江苏省 | 8479.50 | 9548.08 | 12.60 | 10175.05 | 12479.57 | 22.65 | 7606.20 | 10793.22 | 41.90 |
| 浙江省 | 7468.67 | 8197.65 | 9.76 | 10027.27 | 11500.02 | 14.69 | 7683.51 | 9869.79 | 28.45 |
| 安徽省 | 4503.39 | 5587.19 | 24.07 | 5645.98 | 7457.25 | 32.08 | 4601.11 | 6685.41 | 45.30 |
| 福建省 | 5766.51 | 6747.47 | 17.01 | 7350.81 | 9231.83 | 25.59 | 6318.66 | 7617.38 | 20.55 |
| 江西省 | 3731.28 | 4848.60 | 29.94 | 4868.08 | 6536.06 | 34.26 | 4991.60 | 7269.71 | 45.64 |
| 山东省 | 5071.92 | 6094.82 | 20.17 | 7762.13 | 9308.07 | 19.92 | 7121.87 | 8726.34 | 22.53 |
| 河南省 | 2736.91 | 3458.02 | 26.35 | 4563.99 | 5761.78 | 26.24 | 4025.99 | 5312.60 | 31.96 |
| 湖北省 | 3670.29 | 4817.88 | 31.27 | 5410.53 | 7328.46 | 35.45 | 3424.26 | 5275.12 | 54.05 |
| 湖南省 | 3619.25 | 4892.59 | 35.18 | 5941.36 | 8145.90 | 37.10 | 4143.45 | 6142.89 | 48.26 |
| 广东省 | 4731.13 | 5681.33 | 20.08 | 4907.10 | 6116.61 | 24.65 | 6418.50 | 7253.20 | 13.00 |
| 广西壮族自治区 | 4003.29 | 4863.70 | 21.49 | 5359.96 | 6361.27 | 18.68 | 4681.61 | 6030.98 | 28.82 |
| 海南省 | 6573.20 | 7358.93 | 11.95 | 7563.04 | 8850.70 | 17.03 | 7334.92 | 10901.61 | 48.63 |
| 重庆市 | 4773.15 | 6378.25 | 33.63 | 5604.96 | 7422.55 | 32.43 | 5399.50 | 6980.82 | 29.29 |
| 四川省 | 4164.05 | 6107.61 | 46.67 | 5210.02 | 7024.97 | 34.84 | 4033.74 | 5882.14 | 45.82 |
| 贵州省 | 3419.25 | 5038.12 | 47.35 | 4134.17 | 5403.22 | 30.70 | 4867.87 | 6184.97 | 27.06 |
| 云南省 | 3704.84 | 4979.84 | 34.41 | 4872.34 | 6131.55 | 25.84 | 5151.78 | 6474.77 | 25.68 |
| 西藏自治区 | 10382.40 | 11727.54 | 12.96 | 9593.73 | 10632.87 | 10.83 | 11421.82 | 13513.53 | 18.31 |
| 陕西省 | 5996.96 | 8747.40 | 45.86 | 7422.63 | 10502.62 | 41.49 | 6164.45 | 8303.28 | 34.70 |
| 甘肃省 | 4113.89 | 5371.52 | 30.57 | 5020.27 | 6411.44 | 27.71 | 4723.55 | 5868.51 | 24.24 |
| 青海省 | 6518.71 | 8037.07 | 23.29 | 8331.43 | 10062.21 | 20.77 | 9394.02 | 10634.95 | 13.21 |
| 宁夏回族自治区 | 4226.33 | 5312.20 | 25.69 | 6903.36 | 7886.81 | 14.25 | 7428.42 | 7771.25 | 4.62 |
| 新疆维吾尔自治区 | 7639.92 | 9094.62 | 19.04 | 10182.63 | 12022.20 | 18.07 | 9720.11 | 10852.88 | 11.65 |

**资料来源**：《中国教育统计年鉴》(2013年)。

这一切问题的缘由一方面在于教育公共投入的不足与倾斜，一方面在于教育的家庭投入过高。从图2—7可以看出，在2007年以前，家庭教育投入①一直都超过国家财政投入②。由于公共投入不足，因此需要家庭投入弥补，这样就使得教育资源获得与家庭经济条件紧密相连，使低收入家庭在教育资源获得中处于不利地位，尽管2007年以后，财政教育投入不断增加，超过家庭教育收入，但由下图可以看出，家庭教育投入也在不断增加，其作用仍不容忽视。

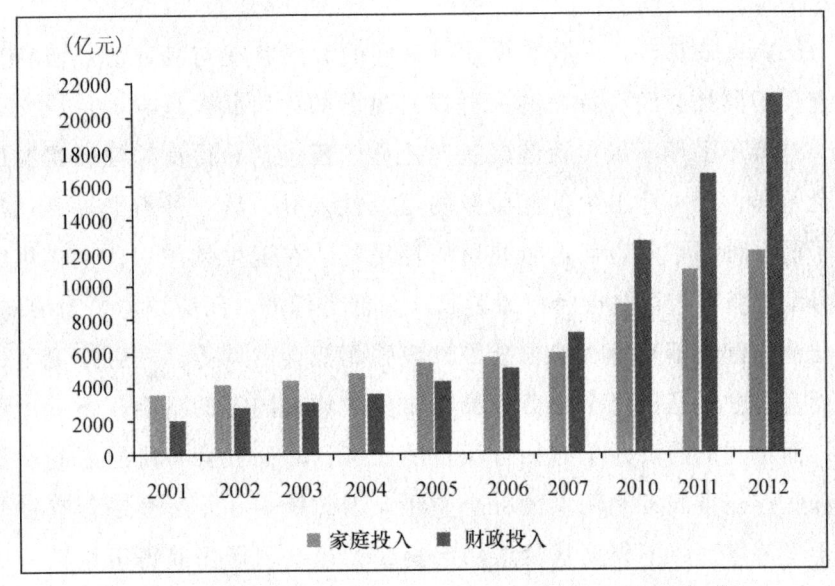

图2—7 家庭教育支出和财政教育支出

**资料来源**：根据历年《中国统计年鉴》计算所得。

公共教育投入不足造成教育资源分配具有很高的累退性。教育资源获得与家庭经济状况相连容易形成代际之间教育传递，进而是经济状况的代际传递。家庭经济差异化的扩大使得儿童教育机会不均等，进而影响到儿

---

① 家庭教育投入按照每年度家庭人均教育支出乘以人口总量计算。
② 国家财政投入选取国家每年教育事业费加教育事业附加费计算。

童的教育表现，教育结果的差异直接影响其进入劳动力市场后的表现，进一步扩大了劳动力市场表现差异。由于中国的教育回报呈现的是边际报酬递增现象（李实，2003），所以人们之间教育差距扩大反映在劳动力市场上就是收入差距的扩大。教育回报率提高成为中国劳动力市场上收入差距的重要原因（世界银行2008年报告）。所以教育公平是实现社会公平和人们之间经济平等的重要手段。教育不平等是收入不平等的重要原因，也是人们之间经济社会不平等的一个很重要构成。

### （四）健康不平等

从狭义来看，健康不平等是指人们的健康状况与其社会经济特征相连，不同社会经济特征的人群具有显著的健康状况差异。从广义来看，健康不平等不仅包括健康状况差异，还包括获得良好健康状况的机会差异，即医疗卫生保健服务的可及性差异，后一种不平等显然加剧了前一种不平等，而后者是可以避免的。在卫生领域中，生存机会的分配本就不应以社会特权或者收入高低为标准，而应以需要为导向。因此消除健康不平等，追求公平性应强调机会的均等。对医疗卫生保健而言，公平是指每个社会成员在需要时均有同等的机会获得卫生服务，而相同的需要匹配有相等质量的服务，降低社会各阶层之间在健康和医疗卫生服务利用上的社会差距。因此衡量一个社会是否存在健康不平等情况，不仅要从健康结果衡量，还要从居民获得卫生资源的机会平等角度衡量，下文将结合这两方面的数据分析中国居民在健康方面是否存在差距。

中国在建国初期所实行的农村合作医疗与当时的"赤脚医生"制度惠及了大部分的农村居民，在城镇地区实行公费医疗和劳保医疗制度基本上覆盖了所有的劳动者；这些基本医疗制度保证了中国在当时卫生事业上的巨大成就，也在卫生公平方面走在世界前列。1978年实行改革以来，使得以集体公社为基础的农村合作医疗制度迅速瓦解，医疗服务迅速市场化。这种市场化的改革，导致医疗费用飞速上升，个人负担加重，高额的医疗费用使得许多家庭不堪重负。在70年代末期的农村改革，经济改革和分配改革大大提高了农民的积极性,但是从医疗卫生角度却大大弱化了农村合作社的作用,这也使得农村合作医疗彻底崩溃。此外,农村卫生工作者(赤脚医生消失)不断减少,自费医疗负担不断加重,减少了对基础医疗服务的需求,增加了对医院医疗服务的需求。在改革以前,政府支出提供了所有医疗机构的资金,但是在90年代中期以后,政府支出只占公共医疗机构的30%—50%,而从患者收取的费用占到了医疗机构资金的50%—70%。特别在"以药养医"的原则下,导致医药费用过高,人们生不起病,看不起病,整个国家对医疗卫生系统怨声载道,医患冲突严重。

针对这些问题,在"人人享有基本医疗服务"的原则指导下,自2003年以来,开始了大规模的医疗卫生改革,改革的目的即要构筑一个惠及"全民"的医疗保障平台。随着农村新合作医疗的试点和推广,又陆续在全国启动城镇居民医疗保险,截至2013年底,全国有2489个县(市、区)开展了新型农村合作医疗,参合人口数达8.02亿人,参合率达到98.7%。2013年度新农合筹资总额达2972.5亿元,人均筹资370.6元。全国新农合基金支出2909.2亿元;补偿支出受益19.42亿人次,其中住院补偿0.93亿人次,普通门诊补偿15.2亿人次。可以说,相比较改革开放之初,近年来,我国医疗保障制度取得了巨大的成效。但是成效不能掩盖问题,卫生体制改革的最终目的不仅是减轻居民负担,也是要改善居民的健康状况,使得病有所医。我们无法评估这些卫生机制改革措施具体对居民健康状况改善有多大的影响,但是我们可以从健康结果来看这些卫生体制改革是否有成效。

从国家四次医疗卫生服务调查的结果来看,居民的医疗卫生需求处于上升状态。总体来看城镇地区两周患病率高于农村地区。这可能由于城市居民健康意识和对疾病的判断能力比农村居民高。但总体趋势一致,城市两周患病率由1993年的17.52%上升到2008年的22.2%,农村地区则由1993年的12.82%上升到2008年的17.70%(见图2—8)。两周患病率的上升反映的是居民疾病负担的加重以及对卫生需求的增加。

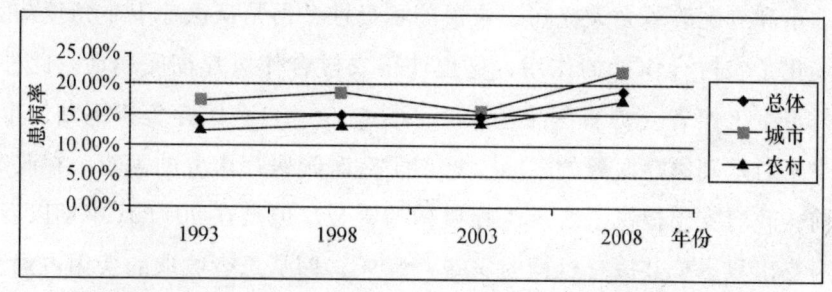

图 2—8　四次服务调查居民两周患病率

**数据来源：**国家四次卫生服务调查数据。

疾病负担的加重和卫生需求的增加，直接导致医疗卫生支出增加。国家卫生总费用从 1980 年的 143 亿增长到 2006 年的 9843 亿，增长了 69 倍。卫生费用占 GDP 比重也从 1980 年的 3.15% 增加到 2010 年的 5%。

卫生支出分为两部分，一部分是个人支出，一部分是公共支出，公共部分又分为社会支出和政府支出。政府卫生支出指各级政府用于医疗卫生服务、医疗保障补助、卫生和医疗保障行政管理、人口与计划生育事务性支出等各项事业的经费。社会卫生支出指政府支出外的社会各界对卫生事业的资金投入。个人卫生支出指城乡居民在接受各类医疗卫生服务时的现金支付，包括享受各种医疗保险制度的居民就医时自付的费用。

从图 2—9 可以看出，自 2003 年以来虽然政府卫生支出占卫生总费用的比例不断上升，但个人和社会支出占总费用的绝大部分，2006 年实行新农村合作医疗以来，政府公共投入总额虽然连年上升，个人卫生支付比例下降，但是比例仍然高于政府支出。中国居民私人卫生支出比例占卫生总支出的比例很高，说明尽管医疗保障覆盖率大幅度增加，但在疾病面前，人民群众自付部分依然居高不下，而且诊疗费用也在上涨。2013 年，公立医院门诊和住院费用分别上涨 4.8% 和 4.6%，乡镇卫生院门诊和住院费用分别上涨 4.4% 和 8.3%，这个增长比例虽然低于全国平均收入增长比率，但是依然有许多家庭收入并未增长，诊疗费用上涨如果超过收入增加，那么"因病致贫"或"因病返贫"的情况仍然可能会出现。

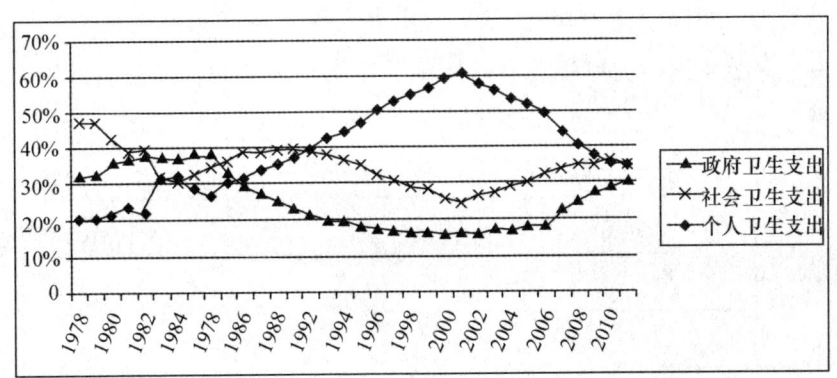

图 2—9 中国居民个人卫生和社会卫生支出占卫生总费用的比例

**数据来源**：2012 年《中国卫生统计提要》。

卫生经济学中对健康的产出有三个指标，分别是医疗技术、国民健康水平和医疗服务享有权。任何一个产出指标在分析时，都必须从稀缺资源配置的公平性和有效性角度出发。尤其是这些指标都与一个国家公共投资有关，一国财政能力有限，用于医疗保健的资源便不能再用于教育等其他必需的商品和服务。公共资源的配置不仅要合理还要有效。就公共卫生投资而言，它的直接效应就体现在整个社会医疗卫生服务数量的增长和质量的提高上，一般反映在国民预期寿命增加、死亡率降低、国民素质提高，从而影响一国的宏观经济，例如国民健康水平的提高，通过提高劳动力的劳动生产率增加国民收入，促进经济增长；经济增长和劳动生产率的提高使得居民个人收入增长，而政府充足且平等的公共卫生投资使得个人健康开支与个人经济地位的关联性降低，有助于缩小居民收入差距。公共卫生投入带来的不仅是国民素质提高这个直接效应，也有对收入分配的再调节效应。因此，公共卫生支出的意义绝对不容忽视，这不仅体现在居民健康结果上，更体现在对居民个人医疗负担的减轻程度上。

中国的公共卫生投资姑且不论效率，单从总量上来讲，也一直不足，近几年虽然增加了财政支出的比重，但是总量上依然不足。和国际上其他国家比较，无论是医疗卫生开支占国内生产总值的比例，还是医疗卫生开支占财政总支出的比例，中国都处于较低比例的水平。从图 2—10

可以看出，我国卫生费用占 GDP 的比重几乎是最低的，只有 5% 左右，政府公共卫生支出占财政支出的比例虽然不是最少的，但是也低于平均水平。

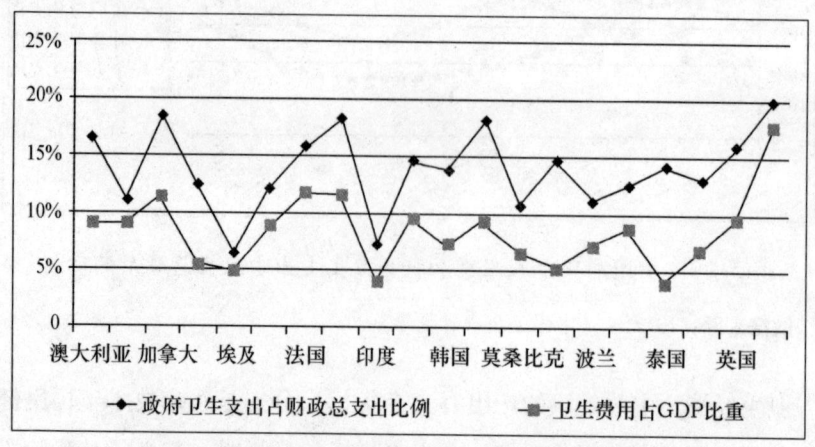

图 2—10　2010 年各国政府公共卫生支出比例

**数据来源**：World Health Statistics, 2013。

以上是从总的数据分析，再从分城乡的公共卫生投入来看。由于中国实行的分权财政体系，卫生事业费中很大比例来自地方财政支出，这就使得地方之间由于经济发展程度差异和财政能力差距的扩大，引起政府公共卫生支出出现巨大差距。公共卫生支出与地方经济发展水平紧密相关。在这种情况下经济落后地区，尤其是农村地区，财政收入有限，公共支出自然少，分配到公共卫生上的资源也会非常有限。从图 2—11 可以看出，城乡人均卫生费用差异很大，并且随着总的医疗卫生支出增加，这种城乡差距也呈现不断扩大的趋势。农村居民不仅收入水平低于城镇居民，所享受到的卫生服务费用也低于城镇。这也可以反映在城乡卫生资源分配上。

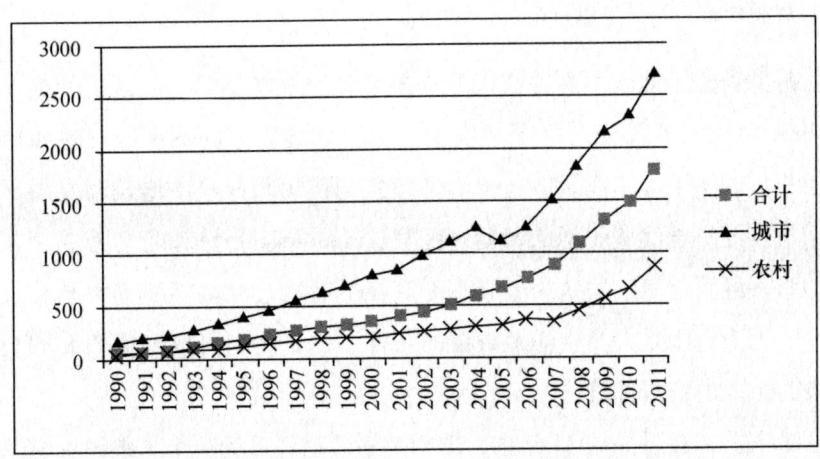

图 2—11 中国城乡人均卫生费用（元）

**数据来源：**《2011 中国卫生统计年鉴》。

公共医疗卫生支出差异的直接影响是资源享有的差异，以每千人口医院和卫生院床位数为例来看，虽然城镇和农村的数量都呈现稳定增长状态，但是城市每千人口床位数量是农村的两倍，而每千农业人口乡镇卫生院床位数更少，除了医疗服务水平的差异外，医疗资源分配的稀缺也是患者向城镇拥挤的一个重要原因。

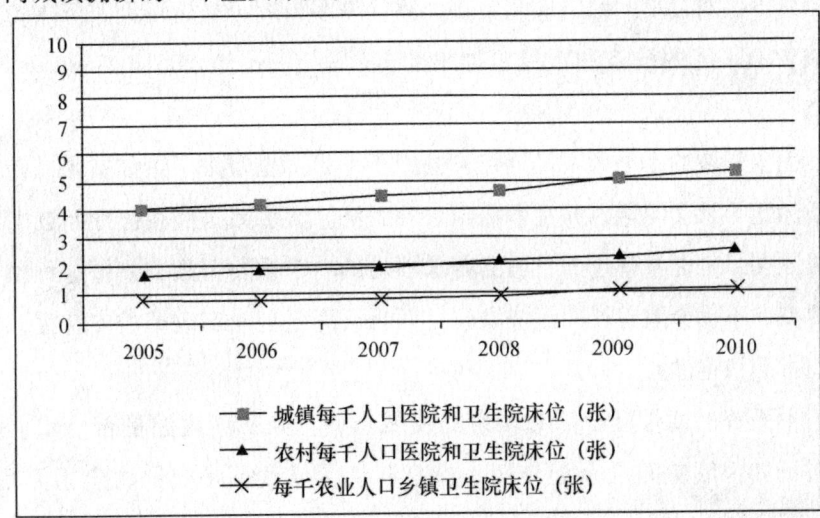

图 2—12 中国城乡卫生资源分布

数据来源:《2011 中国卫生统计年鉴》。

减少类似于此的不平等被认为是很重要的发展目标。但是正如世界银行 2006 年的发展报告《平等和发展》而言,健康上的不平等反映和加强其他领域的不平等,而所有这些不平等共同作用阻碍经济增长和发展。包括诺贝尔经济学奖获得者詹姆斯·托宾(James Tobin)和阿马蒂亚·森在内的许多经济学者一致认为健康不平等在所有社会经济不平等中尤其值得关注,因为健康是人类生活最重要的条件,也是我们可以评估的人类能力的极为重要的组成部分。

事实上,在过去的 25 年中,健康公平性已经成为一个越来越重要的研究课题。日益增加的需求当然是其中一个原因,政策制定者、捐赠者、非政府组织在过去一段时间内对健康公平问题的兴趣显著增加也是一个重要原因。20 世纪 80 年代,政府的兴趣主要在成本控制和效率上,甚至许多人对公平怀有敌意(Wilkinson, 1995),认为公平会破坏效率。[1] 而到了 90 年代,对健康公平问题则友善多了。许多国家的研究领域都认识到这个问题的严重性。到了 90 年代末期,许多政府、双边捐助者、国际组织和慈善基金都将公平问题放在卫生会议的首要位置。这种重视一直延续到了新千年,不仅对公平问题的研究更多,而且许多研究已被运用到实际中,旨在减少不平等的政策和项目也越来越多(如:Evans 等,2001b;Gwatkin 等,2005)。

卫生领域的不平等不仅仅带来健康不平等,也带来了诸如贫困、社会矛盾激化等社会问题,并且影响到宏观经济。大多数居民在医疗问题上的消极预期,是储蓄率过高、消费需求不足的一个重要因素。如果这种预期不改变,不仅会阻碍长期经济增长,而且会降低公众对改革的支持度,并影响社会稳定。

不平等的度量可以帮助观察其发展趋势,判断该问题是否严重,但是对于如何解决并没有起作用。只有弄清了导致不平等的决定因素后,

---

[1] 这种公平会破坏效率的观点不仅存在于对经济增长的看法,同样存在于卫生领域。

政府才能通过税收等财政手段来控制这些因素，从而达到缩小不平等的目的。

对经济不平等的研究涵盖了各个方面，人力资本角度的研究大多集中在教育上，对健康不平等的研究也主要是分析经济不平等对健康领域的影响，分析收入、教育和社会经济地位差异导致的健康不平等（Luft, 1975；Bartel & aubman, 1979；Benham & Benham, 1982；Lee, 1982；Ettner 等, 1997；Chiricos & Nestal, 1985；Baldwin & Johnson, 1994；Stern, 1996；Arendt, 2005；Silles, 2009）。其实正如世界银行的发展报告所言，健康不平等反过来也加剧这些不平等。所以，研究健康不平等对收入、教育、就业等方面的影响对于理解总体的经济不平等很有必要。

本章使用中国宏观数据分析了涵盖就业、教育、健康和收入差距在内的经济不平等现状，经济不平等的情况并不只表现在收入差距上，就业、教育和健康方面的差距同样存在，而且这些方面相互作用，不断加剧着作为结果的收入差距，对收入差距的政策不仅仅要放在收入调节上，其他方面的调节同样重要。在研究经济不平等的热潮中，研究者从各个方面解释了经济不平等的原因，这些原因涵盖了政策、制度、人力资本各个方面。这些原因可归纳为人力资本和非人力资本两大类因素。人力资本投资差异导致的人力资本水平差异是造成个人经济不平等的最重要的原因，而非人力资本因素对经济不平等的影响最终也是通过人力资本产生作用。健康作为人力资本的一种重要形式，是人力资本的重要影响因素，但由于其度量的复杂性和数据的不足，现有研究的关注点主要在于经济不平等如何影响健康状况造成健康不平等，而健康状况对人们之间的经济不平等的影响机制，现有研究存在明显缺失。本书力图弥补这一研究上的缺失，寻找健康对经济不平等的影响路径。

## 三、经济不平等的原因

### (一) 非人力资本因素

#### 1. 经济增长模式选择

不发达国家在选择自身经济发展道路上有两种模式,一种是均衡增长模式(Paul Rosenstein-Rodan,1943;Ragnar Nurkse,1953;Paul Streeten,1959;Michael Lipton,1967;Anthony Thirlwall,1983)[①];另一种是不均衡增长模式。均衡增长模式虽然有极端和温和之分,但是主要观点是一致的。这种观点认为,发展中国家由于市场机制不健全,无法有效地发挥作用,市场在集中、配置和分配资源方面无效,只有宏观经济的计划性,才是政府在均衡增长战略中最为有力的手段;但是,只要市场发育充分,各个行业中具有创新精神的企业家能不受干扰地创新,那么,私人企业的自发活动也会促进经济的平衡增长。

由于资源的稀缺性,应将其配置在最有效率的部门,而不发达经济体中普遍存在投资决策能力稀缺的事实,这使得平衡增长模式受到很多限制,因此美国经济学家阿尔伯特·赫希曼(Albert Otto Hirschman)在《经济发展战略》一书中提出了不均衡发展模式。

---

① 参见 Debraj Ray,*Development Economics*(Princeton University Press,New Jersey,1998)。

不均衡发展模式认为发展中国家应该集中有限的资源优先发展主导型的关联效应大的产业,这样可以同时带动前关联、后关联和旁侧关联产业的同时发展;不仅产业如此,地区发展也要有主次之分。由于各地区地理位置、自然资源和产业结构和布局不同,导致一些地区集中有主导产业,所以应该优先快速发展这一部分地区,在其快速发展的过程中通过资本输出、技术扩散等辐射作用带动周边地区发展。①

由于要素总要流向回报高的部门或者地区,因此实践当中,地区之间或者部门之间的不平衡发展,就使得资本、劳动力、技术、资源等要素向发达地区、主导产业流动,这样导致地区之间、产业之间、部门之间发展差距进一步拉大,发展差距拉大的后果就是收入差距的拉大。发达地区经济的快速增长使得本地区的物质资源和人力资源出现短缺,需要输入大量劳动力,而在这种劳动力转移的过程中,不同于新古典经济学关于劳动力流动的分析,这种转移是有选择性的,从不发达地区向发达地区转移的大多是受过一定教育的质量较高的劳动力,这种有选择的转移进一步拉大了发达地区和不发达地区的劳动生产率差距,收入差距也在所难免。如此循环使得发达地区和落后地区之间的经济不平等越拉越大。但是当发展到一定程度后,就会出现一些制约经济进一步发展的因素,例如,环境污染严重、人口密度过大、劳动力成本过高、土地等资源稀缺等,此时劳动力、资本等生产要素会反过来流回不发达地区,与此同时,伴随着产业转移会带动不发达地区经济发展,最终达到经济平衡。

不均衡增长模式其实是分阶段的增长。"在经济发展初期采取不平衡增长模式是创造短期的、事先的不平衡,以此达到长期的、事后的均衡,而在经济发展的高级阶段,引起平衡增长的可能性正是不平衡增长的经历"(Hirschman,1958)。平衡是目的,不平衡是手段,要通过不平衡谋求平衡增长(Ragnar Nurkse,1953)。平衡增长和不平衡增长之间的选择,

---

① [美]赫希曼著:《经济发展战略》,曹征海、潘照东译,经济科学出版社1991年版。

是"根据各种不同时间长度时期内的平衡之间进行的选择"（Paul Streeten，1959）。而事实上经济增长对收入分配的影响研究也主要是在发展过程中收入分配的长期变化趋势路线。Kuznets（1955）的收入差距长期变动趋势"先恶化后改进"的"倒 U 型假说"，刘易斯（Lewis）、费景汉（Fei）和拉尼斯（Gustav Ranis）的两部门经济发展模型都是遵循这种不平衡发展路径对经济不平等的影响研究。①

改革开放后，我国允许一部分地区和一部分人先富起来的政策其实正是遵循了这种不平衡的发展战略。工业优先于农业发展，东部优先于西部发展，城市优先于农村发展。与之相对应的就是地区之间、城乡之间、产业之间居民收入差距的扩大。因此经济的不平等与不平衡经济增长模式之间存在着一定的联系。

问题不在于不平衡增长模式本身，而是实施这种模式的具体政策，即区域之间、地区之间资源分配的不平等。这些资源分配的不平等具体落实到个人，表现在个人在经济体中的机会不平等：不仅个人面临的工作机会不同，进入劳动力市场前为人力资本储备所必须的投资也呈现很大差异。因此，经济增长模式选择对经济不平等的影响，最终也要落实到个人所获得的公共资源差异对个人经济地位差异的影响上。

### 2. 政策选择

由于实行不平衡发展战略，扶持一部分地区和一部分产业优先发展，政府需要采取产业、就业、税收等差别政策，对需要优先发展的地区和产业实行政策倾斜，由此产生了城乡政策、东部与西部等区域政策、特区特殊政策等差异政策。这些政策差异并不是遵循福利最大化原则，而是相反，使得弱势群体在政策面前更弱势，加大了弱势群体和优势群体之间的不平等。与收入差距直接相关的是收入分配政策。改革开放后，我国的收入分配政策几经改变，但是对于缩小人们之间经济不平等，政策并没有很好地发挥作用。

---

① 参见 Debraj Ray, *Development Economics*（Princeton University Press, New Jersey, 1998）。

以家庭联产承包责任制为基础的农村按劳分配制度极大地激发了农民的积极性，增加了农民收入，因此在一段时间内缩小了城乡收入差距，但打破农村的平均主义大锅饭的，同时也扩大了农村内部的收入差距。农村改革成效显著，随后又在城市实行以国有经济为主体，多种经济形式并存的体制改革。大力发展市场经济，使得城市居民收入增加。与此同时，由于农产品价格过低，农民负担过重等一系列原因，农民收入增长缓慢，缩小的城乡收入不平等又进一步扩大。

90年代以后，资本、技术、管理等生产要素参与分配的比重不断提高，市场化分配制度逐步成熟。要素占有差异和要素回报率不同，使得居民之间由于要素占有差异导致的不平等程度越来越大。

例如资本的稀缺导致资本回报不断增加，因此资本拥有者越来越富裕，而劳动力资源的丰富使得处于劳动力链低端的人收入几乎处于停滞状态，出现"马太效应"。政治权利作为要素也参与分配，成为回报率最高的要素。例如石油、煤炭、通信等垄断性行业的收入就远高于其他行业。财产性收入占家庭收入比重日益增加，财产不平等也不容忽视，随着金融市场的繁荣，财产性收入不平等趋势会更明显（赵人伟，2007）。

城镇居民收入中工资收入和农村居民收入中家庭经营收入所占比重都在不断下降，这进一步拉大了居民之间的经济不平等。收入分布不断向右平移，逐渐呈现双峰分布，反映了居民的要素所得普遍增长，但在增长过程中，低收入居民的增长缓慢，高收入居民增长迅速，从而在初次分配中就呈现两极分化的现状（徐现祥、王海港，2008）。

政府的再分配职能是为了维护社会的公平与公正，通过税收、转移支付等手段调节收入分配，以缩小初次分配的差距。但是我国的再分配在很长一段时间内不仅没有起到缩小不平等的作用，反而起到逆向补贴的作用，加剧了居民之间的不平等。从再分配的几个发展阶段来看，改革开放至90年代，城乡二元特征显著，这种特征在人们享受的福利待遇上尤其显著。国有企业职工可以享受由国家包办的医疗、住房、交通等福利，并且有就业保障，城市居民在教育、医疗、交通、食品等方面都享受国家补贴；而农村居民被严格的户籍管理限制，不仅承担沉重的税负，并且在农村合作医疗瓦解后,陷入无任何医保的境况。政府在教育、医疗等公共服务上的支出也存在很大的城乡差距。所以如果将城镇居民所享有的非货币性补贴、实物补贴和社会保障计入收入的话,那么现有的这种收入不平等将更大(李实、罗楚亮,2007)。90年代后期开始,在城镇地区取消了粮食补贴,逐渐停止福利住房制度,实行商品房改革,并且实行教育产业化,对高等教育实行收费制度;在就业方面,伴随国有企业改革,减员增效,导致大批国有企业职工下岗,这使得城市居民在岗者和下岗者之间,稳定就业者与非稳定就业者之间收入差距拉大,迅速扩大了城市内部居民之间的差距(陆铭、蒋仕卿,2007;王庆石等,2008;罗楚亮,2008);财政补贴"抽瘦补肥"使得再分配功能丧失。

从政策选择上分析经济不平等,主要是从收入分配政策选择角度。收入分配分为初次分配和再分配。初次分配还是按劳分配,劳动者的劳动与其自身的人力资本水平密切相关,因此可以认为初次劳动分配所得遵循这样的规则:人力资本水平较高的个体收入较高,人力资本水平较低的个体收入较低。鉴于当前中国工资性收入仍占个人收入的大部分,那么个人人力资本水平上的差异造成了初次分配中的绝大多数差异。如果缩小了人力资本水平差异,那么初次分配的公平性就可大大提高。

即使从政策选择角度分析经济不平等,最后的落脚点也还是回到个人人力资本水平差异上,因此人力资本水平对经济不平等的影响是根本。

### 3. 制度设计

对城乡之间经济不平等的研究最多的是从二元结构出发(林毅夫,1998;李实,1998;王绍光、胡鞍钢,1999;蔡昉,2003;王小鲁、樊刚,2005),认为强有力的人为制度约束是导致二元结构的重要原因,而这些制度约束又都是建立在户籍制度基础上的。研究认为这种分割的户籍制度与农村劳动力流动和就业(蔡昉等,2003、2004)、公共财政支持的公共产品和服务的供给(靳卫东、高波,2007)、金融服务(王少国,2007)等相连,共同构成了中国国内收入不平等的制度基础。制度形成并加深的后果不仅造成人们经济地位的差异,也导致人们的社会地位甚至政治谈判能力的差异，例如一项估计表明：我国代表公民权利的人大代表席位，农村居民的人大代表名额只有城市居民的1/4，各种税费负担也是城市居民的数倍（林光彬，2004）。这些差异共同发挥作用，相互影响，导致的后果只能是人们社会经济地位差异的扩大。所以财富占有的不均等、政治发言权的不平衡、机会的不平等相互作用，共同影响了人们之间的经济不平等，而这种经济基础上的不平等反过来又削弱了弱势群体的话语权，进一步导致他们处于弱势地位。经济的不平等不仅是收入分配政策的问题，更是一系列制度安排的结果。

人们的经济地位与收入直接相连，而收入又与就业密不可分。中国在计划经济年代政府统包统分的特殊就业制度和此后逐渐市场化的改革决定了人们之间经济地位差距的拉大与此相关。就业制度的改革其实是不断扩大企业用工自主权和劳动者自主选择权的过程，随着多种形式经济体的发展，打破了原来盛行的平均主义制度，在市场化的就业制度下，工资制度也与个人技能、绩效越来越相关，加上国家不平衡的增长战略，一些行业一些用人单位的收入势必会提高。优质的劳动力向高收入地区和行业流动，这样原本就素质高的劳动力又集中到收入高的地区和行业，职工之间正常的工资收入出现差距也合情合理。甚至在农村，转移出去的劳动力在年龄结构和受教育程度上也都有优势（蔡昉，2007）。正常的工资差异反映的是劳动者之间人力资本回报差异，这是市场化的合理差异，但是由于法律制度的缺失或者扭曲，监督机制的不完全或者自己监督自己，利益部门往往会利用手中的权力寻租，结果就是非工资性收入的不平等程度甚至高于工资收入，而且呈现不断上升的趋势（张原、陈建奇，2007），甚至是在国有企业改制过程中，由于产权界定问题或者运行行政权力垄断，造就了一个暴富群体（朱农、骆许蓓，2008）。监管机制不完善，使得无法调查到非工资收入和非正常收入，对这部分收入，由于税收制度无法监控，所以既无法征税也无法调控，这种隐形收入是造成人们之间经济差距的主成因，也是引起社会不满的原因（王小鲁，2007）。

很多本应通过转移支付给弱势群体的资金被挪用，转移给了不需要补贴的人。而实行中央与地方分权的财政分配体制，由于受到地区发展不平衡的影响，不仅没有起到调节收入再分配的作用，反而加剧了不平衡。前文提到的不同地区之间政府卫生和教育公共开支差异很大就是例证。

户籍制度、就业制度、财政税收制度等都与公共支出有关，与不同社会经济地位的居民所享受到的公共资源相关。这种公共资源的差异体现在与个人相关的社会教育、医疗等社会保障资源上。因此，最终影响的都是个人人力资本的公共投资部分。分析经济不平等，这些原因都是外因，由此导致的人力资本不平等才是造成居民之间经济不平等的根本原因。因此分析经济不平等，要透过这些制度、政策的表象，分析内在的实质原因。

### （二）人力资本因素

对于个人劳动报酬的差异性解释，有两个著名的原理，第一个就是斯密的补偿原理。补偿原理以劳动市场中竞争力量的强度为条件，劳动流动性产生了工资报酬的级差；第二个是穆勒和凯恩斯关于"非竞争集团"的学说。他们实际上宣称劳动流动性是不存在的，由此导致了实际收入差别，而劳动流动性的缺乏是由社会、法律、文化等方面施加的限制以及遗产性的登记所产生并固化的。其实这些对个人劳动报酬差异的解释都与人力资本有关，除他们之外，马尔萨斯、李嘉图和马歇尔也都从人力资本角度阐释过个人劳动生产率差异导致的报酬差异，但是都没有形成系统的理论。[1]

直到 20 世纪 50 年代，由于传统的资本理论无法解释个人收入差距缩小的变化趋势，使得研究者开始探究经济增长、工资结构、收入分配与教育之间的关系。此时以受教育程度为代表的人力资本成为说明这个问题的重要因素。20 世纪 50 年代后期，自舒尔茨用人力资本理论来解释经济增长之谜开始，标志着现代人力资本理论的诞生。舒尔茨（1960）明确了人力资本的概念是指体现在劳动者身上的知识、体力、智力和技能的总和，

---

[1] 参见［美］亨利·威廉·斯皮格尔著：《经济思想的成长》，中国社会科学出版社 1999 年版。

对人力资本的投资不仅包括学校教育，还包括健康保健、培训、职业流动和职业搜寻投资。但是早期的研究大都是从学校教育的投资收益估算开始，并证明了受教育程度差异是造成人们之间收入差异的重要因素（Mincer, 1958；Clark, 1956、1959；Miller, 1960；Schultz, 1959、1960、1961），但是这些研究缺乏经济基础（Schultz, 1963）。

直到贝克尔（1964）从估算美国中等学校和大学投资收益发现，其实对学校教育的投资与其他方面的投资类似，所有的人力资本投资都具有一些共同的属性，那就是都必须接受理论指导，必须符合对物质和设备的投资，并且都需要重新阐述。他从学校教育费用、在职培训费用和其他人力资本投资及不同年龄工人工资关系出发，建立了收入、收益率和投资数量三者之间的总关系，且后两者的关系可以从收入中推测出来，从而建立了人力资本投资基本理论，为之前和之后的经验研究提供了一个一致的解释。与此同时，使用成本效用来分析家庭的生育行为，从家庭从事市场活动和非市场活动的时间价值和时间配置来分析养育孩子的直接成本和间接成本，从而使得家庭生产理论和家庭时间分配理论成为人力资本理论的微观理论基础（贝克尔, 1965），使得这一理论不再缺乏经济基础。

人力资本投资有多种形式，包括学校正规教育、在职培训、医疗保健、迁移、寻找收入的信息等。这些投资形式对收益、消费、投资数量、投资回报大小都有影响。所有这些投资都能提高人们的技能，增加人们的知识，改善人们的健康状况，最终通过这些改变，提高人们的收入。因此，此后的文献基于这些不同投资形式展开。

### 1. 教育和培训

教育作为人力资本投资最重要的一种形式，早期对人力资本和收入的研究主要集中在教育方面（Mincer, 1958、1974；Clark, 1956、1959；Miller, 1960；Schultz, 1959、1960、1961；Becker, 1972）。对于发达国家一国或者多国的教育和收入差距的分析显示：一国平均受教育水平越高，收入分配越趋于平等，而受教育水平越不平等则收入不平等程度也越大（Becker & Chiswick, 1966；Chiswick, 1971；Tinbergen, 1972；Winegarden, 1979；Park, 1996；

Ryan Wells, 2006)。而众多的研究也证实了中国居民教育回报率的差异是引起居民之间收入不平等的重要原因（赖德胜，1997；李实、丁赛，2003；蔡昉，2005；张车伟，2006；王美艳，2009），加剧这种差异的一个因素是中国劳动力市场上的教育回报率还在不断提高。根据世界银行2008年的报告显示，中国劳动力市场上仍然存在非常严重的收入差距，其中教育回报率提高是中国劳动力市场上收入差异的重要原因。这是由于中国教育回报率的反报酬递减规律，即越高等级的教育水平其回报率也越高（李实等，2003；张车伟，2006；王美艳，2009）。

居民在受教育机会和教育资源分享上的差异仍然很严重，由此导致的教育不平等是构成收入不平等的重要原因。虽然个人天赋能力不同是决定受教育程度的重要原因，但是教育资源的不平衡也是不可忽视的原因。由于中国公共教育资源投入不足，家庭的私人投资成为弥补这种公共投资不足的主要投资手段，家庭投入直接受制于家庭的收入水平，因此教育投入与家庭收入水平联系更大，贫困家庭和富裕家庭在教育投入上的差距进一步拉大，进一步加重了教育资源的不平等（都阳，2009）。教育资源占有的不平等和教育投入的差距，结合教育回报率的上升，使得教育成为影响人们之间经济不平等的重要因素。

但是在人力资本分析方法中，将更为复杂的人力资本投资概念与学校教育投资区分开来是十分重要的。因此对于个人而言，在职学习与培训、职业搜寻和劳动力流动在个人人力资本投资中占据一半的规模。除学校教育外，这些因素对于人们经济地位的影响不容忽视。所以虽然接受过较高的教育的人拥有较高的工资轨迹反映了对于学校教育投资的收益，但是个人收入的增长和工作变动在本质上是与劳动力市场而不是学校中的学习和培训相连。所以来自工作场所的培训对于收入的影响比学校教育更直接。但是不能割裂两者之间的关系，因为职业培训是学校教育的一个补充性要素，学校教育也是职业培训的替代品。

在明确职业培训重要性的前提下，Mincer（1962）通过对个人任职期的在职培训成本和收益分析发现职业培训不仅可以减少人们的工作转换，而且对于更长的一个时间段中的工资增长具有正效益。Mincer为这一问题的分析建立了理论模型,此后的一些实证研究具体计算了培训的收益。例如研究发现美国白人和黑人工资差距的 20% 可以由培训解释(Duncun,1979),企业内的培训对收入增长作用最大,并且这种培训效应可以持续 13 年之久(Lillard,1992),即使控制住选择性偏差后,培训在工资决定和工资增长中仍然有显著的影响(Bartel,1995;Parent,1999;周逸先、崔玉平,2001)。中国劳动力市场上培训收益率的研究很多是针对农村劳动力的。因为对于农村劳动力,培训的收入效应非常明显(赵延东,2003;王德文、蔡昉、张国庆,2008),与没有参加培训相比,接受过短期培训的农村流动劳动力工资提高约 6%,而正规培训作用更大,使得其工资提高 16.4%(王德文、蔡昉、张国庆,2008)。通过参加培训前和培训后的收入比较发现,参加培训增加了 27.89% 的个人收入(侯风云,2004)。

也有研究认为培训对工资增长的影响并不大(Yang,1997;陆文聪、叶建,2005),而对个人职业地位的影响要远大于对收入增长的影响(Greenhalgh,1987)。如果控制了培训后个人职业流动对培训收益的影响,培训的收益率几乎为零(Dominique,2000)。所以职业流动对收入增长的作用不容忽视。

### 2. 迁移

为适应新的就业机会的迁移是人力资本投资中重要的一个方面。假设工资结构基本上取决于对教育、健康、在职培训、职业机会搜索和迁移的投资,那么个人收入分配,假定相对于非人力资本投资,人力资本投资的增长会使得劳动收入高于资产收益,那么更加平等的人力资本配置会使得人们之间的收入更加平等(Schultz,1961)。舒尔茨的研究奠定了迁移在平衡收入差距中的作用。对于个人和家庭而言,迁移不仅有收益也有成本。斯加斯塔德(Sjaastad)从迁移的货币成本和非货币成本以及货币收益和非货币收益的分析出发,认为迁移未必会增加收益,只有在迁移者获得新的技能之后,迁移才能够提高迁移者的收益,但是个人为迁移的额外投资是否可取,取决于个体的年龄,这和舒尔茨认为的迁移对于年轻人的收益更大的结论一致。人力资本角度研究的迁移对收入的影响是积极的影响

(Schultz, 1961; Sjaastad, 1962; Lucas, 2004)。

但是我们观察到的中国劳动力市场上的一个现实却是伴随着大规模的劳动力流动，收入差距不仅没有缩小，反而扩大。这有悖于传统的理论观点。我国劳动力流动规模与收入差距同时扩大的现象意味着"一个理论悖论的形成"（蔡昉，2005）。那么为什么在中国劳动力市场上迁移反而扩大了人们的经济不平等呢？

首先，在承认了工资水平是人力资本积累水平的反映后，可以说城乡居民的工资差距反映的是不同的人力资本水平，那么即使农村劳动力迁移到城市，在尚未达到高水平人力资本积累之前，他们并不能立即获得城市的高工资水平。在教育、培训等不平等问题没有解决之前，即使发生迁移，收益也很低，所以工资差距的缩小乃至消失不会立即出现，甚至随着劳动力市场水平的发育，反映人力资本水平的工资差距还会越拉越大（Lucas, 2004）。

其次，迁移能够缩小城乡或地区差异的命题，只有在一定条件下才能在理论上成立。中国的实际情况并不符合其中的一些条件，特别是中国的户籍制度把城乡劳动力市场人为隔绝，农村劳动力流动大多以暂时性流动替代了永久性迁移，虽然迁移规模不断扩大，却没有带来城乡收入差距相应的缩小（蔡昉，2005）。中国限制劳动力流动的政策不利于收入差距的缩小，如果不改变这种政策，那么已经存在的收入差距将会继续扩大（Johnson, 1988）。即使消除了劳动力流动的限制、转移速度足够快，由于其他影响人力资本的因素，例如农村教育问题等，要缩小收入差距也需要很长一段时间（Johnson, 2002）。以户籍制度为代表的一些限制性政策使得迁移对平衡收入差距的作用没有显示出来（Justin Y. Lin 等，2004；樊纲等，2005；John Whalley and Shunming Zhang, 2007）。

从迁移的个人情况来看，迁移者多是年轻且具有一定文化知识的劳动力，留守者多是老年人（农业部农村调查，2007），因此伴随的是优质的人力资本从劣势地区向优势地区的流动，这拉大了地区之间的经济不平等（杨云彦，1999），在新古典增长模型基础上的研究认为，在开放条件下，当经济低于稳态时，劳动力流动对收入收敛会产生负面抑制作用（贺秋硕,2005),从劳动者技能差别和职业选择来分析,高技能劳动力的流动更可能导致城乡之间、城镇内部乃至地区之间的收入差距(钟笑寒,2006)。

### 3. 健康

在过去的 20 年中,有很多文章研究经济不平等的变化导致健康变化(Lynch 等,2004),也有少部分文献关注了健康的变化影响经济不平等。收入不平等可能影响健康的假说分为三类:随着个人收入增加,健康的边际收益减少的绝对收入假说;相对收入假说;收入不平等的社会效应假说。而健康可能影响不平等也有三个方面的潜在机制:劳动市场效应,教育水平效应和婚姻市场效应。尽管大多数的文献都去验证不平等影响健康这个假说,但是使用同样的经验工具也可以去探索健康对不平等的影响。

关于健康可能影响经济不平等的研究文献远远少于不平等对健康影响的研究,但是也已经提出了很多合理的假说。这些大致可以分为三类:劳动市场效应,教育水平效应和婚姻市场效应。

健康状况不佳会使正在寻找工作的工人更难找到工作,雇主雇佣他们的可能性更小并且他们工作的体力和精力成本更高。研究健康状况对就业的影响从普通最小二乘法(Ordinary Least Square, OLS)(Luft, 1975; Bartel & Taubman, 1979; Benham, L. & Benham, 1982)到使用工具变量的Heckman 两阶段估计法(Heckman two-stage estimation)(Chirikos & Nestel, 1985; Baldwin & Johnson, 1994; Stern, 1996; Strauss, 1998)再到联立方程估计(Lee, 1982; Stern, 1989; Bound 等,1999; Campolieti, 2002; Cai and Kalb, 2006; Disney 等,2006; Gameren, 2008)。这些研究都证实了个人健康状况下降,劳动市场对他的劳动需求将下降,同时,他的劳动供给减少,即健康状况下使得劳动参与率降低;大病或健康状况差会使工资大幅度减少,并可能导致其退出劳动市场。大多数研究都证实了健康状况不佳对劳动者的劳动市场表现有负效应,尤其是劳动参与、工作时间和工资,而所有这些影响最终都会导致健康状况不同的劳动者之间经济状况的差异。

教育是促进身体健康的一个重要原因，当收入水平相同时，受过较高教育的人更清楚地知道什么是健康的生活方式，什么是健康的饮食，什么是有利健康的行为，如何有效利用医疗卫生服务，如何有效开展身体锻炼活动。受教育程度影响健康状况，同样健康状况也影响受教育程度。孩童时期较差的健康水平会通过直接的生理渠道影响个人教育结果，因为早期的健康状况直接影响大脑发育。而待到上学时期，健康状况不佳会减少入学率和导致注意力不集中，这样会影响其在学校的表现（Haas，2006）。良好的健康状况能促进人们接受更多教育，按照福克斯（1983）的观点，原因在于时间偏好和自我功效。他认为，贴现率高的人对未来投资往往不多，因此，这些人所受的教育比较少、收入比较低、健康状况也比较差。自我功效则是一个心理效应，代表人们相信自己拥有控制自身行为操控周围环境的能力。自我功效在不同个人之间的差别与健康和教育等诸多因素相关。

已有研究从各个方面分析了中国改革开放30年后迅速扩大的社会不平等现象，人力资本投资的差异导致的人力资本水平差异是个人经济不平等的最重要原因，非人力资本因素也会通过人力资本的影响造成居民之间的经济不平等。健康作为人力资本的一种重要形式，是人基本能力的重要影响因素，但由于其度量的复杂性和数据的缺失，在对中国情况的研究中，一直被忽视，中国营养健康数据包含了有关健康方面的丰富变量，可以构造较为客观的健康指标。而过去的关注点大多放在经济不平等、收入差距会造成人们之间健康不平等的加剧，因此政策建议是缩小收入差距，才可以减少人们之间的健康不平等。缩小收入差距政策中，很重要的一个人力资本方面的政策是提高平均受教育水平，普及大众化教育。而既然健康和教育同为人力资本的一种，健康发挥作用的机理同样值得研究。

# 四、健康和经济不平等

## （一）健康的概念和度量

分析健康不平等，首先是看作为结果的健康状况分布情况。健康因其复杂性，测量问题一直是难点。最早对健康的定义只是指身体和精神都完好，没有缺陷和疾病，后来在 1978 年的阿拉木图宣言中将其定义进一步扩展至身体、精神和社会适应性三方面都完好，而不再仅指没有疾病或不虚弱。健康定义的转变反映的是人从单个个体向社会人的转变，也反映了健康不再仅仅取决于个人体质、遗传等生物学上的原因，将其与经济社会相连。因此现代健康概念至少包含了生理、心理、道德、社会适应四个维度（UNDP，1990）。[①]

经济学上的健康概念指的是健康人力资本，由于传统的资本理论无法解释个人收入差距缩小的变化趋势，使得研究者开始探究经济增长、工资结构、收入分配与教育之间的关系。此时以受教育程度为代表的人力资本理论成为解释这个问题的重要理论。20 世纪 50 年代后期，自舒尔茨用人力资本理论来解释经济增长之谜开始，标志着现代人力资本理论的诞生。舒尔茨（1960）明确了人力资本的概念是指体现在劳动者身上的知识、体力、智力和技能的总和，对人力资本的投资不仅包括学校教育，还包括健康保健、培训、职业流动和职业搜寻投资。人力资本理论的一个基本假设

---

[①] *Human Development Report*(Oxford University Press,1990).

是人的经济能力首先是一种表现出来的生产资料。由于个人先天能力差异而获得的一些纯收入不计在内,最大的收入差异来自人力资本投资数量不均。这个假定的真正含义是:工资和薪金结构最终是由对学校的教育、在职培训、迁移和健康的投资所决定。但是早期的研究大都是将教育作为人力资本的衡量水平来研究收入,并证明了受教育程度差异是造成人们之间收入差异的重要因素(Mincer,1958;Clark,1956、1959;Miller,1960;Schultz,1959、1960、1961)。

直到 Michael Grossman(1972)完善了健康经济学的分析框架。他将 Becker 提出的家庭生产函数成功地引入到健康的效用函数分析之中,从而提出了医疗保健需求是一种派生需求,进而确立了消费者行为的人力资本模型。Grossman 假定消费者个人为了决定他们最理想的健康状况,对能改善他们健康状况的开支进行估价并与花费在其他商品上的开支作出比较。同时他还认为健康作为人力资源投资的一部分,个人的健康状况可以视为一种资本存量,经济学家称之为"健康资本存量"。每个人刚开始通过遗传获得一部分的初始健康资本存量,这种存量会随着年龄增长和人体的自然衰老而逐渐贬值,但是也可以通过健康投资的增加而增加(Grossman,1972)。

健康投资主要用于包括维持和提高一个人的寿命、力量强度、耐久力、精力和生命力,在狭义上,它主要指为了提高健康水平,在医疗服务和健康保障方面所耗费的经济资源(陈宇等,1995)。从这个意义上讲,居民或个人既是消费者,同时又是投资者,健康正是投资所要的结果(Becker,1987)。

健康状况的改善和平均寿命的延长,不仅可以提高生命的价值,使人们从较长的寿命中得到实质性的满足,而且可以明显地提高人力资本的价值(Grossman,1972)。这可以从三个方面去理解:(1)人口健康状况的改善意味着生病时间的减少和生命的延长,从而能供给更多的工时,相对地增加了社会劳动供给数量(Pardes 等,2002);(2)身体健康的人工作时间更长并且生理和认知上更加强壮,从而更具生产力(Bloom、Canning,2000);(3)寿命的延长和更加充沛的体力、精力,再加上增加收入的可能性，促使劳动者更多地进行教育、培训、流动等其他形式的人力资本投资，因为寿命的延长使这些方式的投资可以在更长的时间内获得不断增长的未来收益（Cropper，1977）。但是这些研究没有数量化这些收益。

根据 Hodgeson（1983）的分析，"疾病对患者、家庭和社会都造成了负担。个人的负担包括生理和心理上的痛苦，生活质量的下降，过早去世以及经济成本等；家庭则遭受了精神打击、悲伤和经济损失等；社会则必须承担由于病人及其家庭的痛苦所导致的对社会意识的负面影响，以及由于将资源用于对虚弱、残障和过早去世进行治疗所造成的机会成本和损失"。

如上所分析，健康分为心理、生理、道德、社会健康四个维度，因此决定了健康受许多其他因素的影响，除个人体质、个人的生活习惯，比如吸烟、饮酒、心理调节能力、作息规律等（Phelps，1978）与个人身体状况相关的因素外，还有一系列外部社会环境，比如教育、职业、住房条件、生活环境等因素影响。虽然"一个人无法把健康的身体交给其他人，也无法从别人那里得到它。只有通过自身的不懈努力，每一个人才能拥有健康的身体"，但是卫生尤其是医疗服务投入一直被视为最重要的健康投资指标（朱玲，2002），医疗护理对于健康的意义就如同学校教育对于知识的意义一样。没有一个国家可以确保其每个社会成员都拥有知识，但是它可以提供免费教育，甚至是强制人们接受教育。在医疗护理方面也同样如此，虽然无法确保每一个人身体健康，但是可以确保每一个人都享受到医疗护理。

由于健康包含着能力和工作的意愿，因此我们总结起来，在实践中可以使用的常常有以下八种：（1）自评健康；（2）工作受限能力；（3）其他功能性受限能力；（4）是否患有慢性和急性病；（5）卫生服务利用；（6）临床诊断，诸如精神健康等；（7）营养状况（例如，身高、体重）；（8）预期寿命，对发展中国家的研究往往偏重于使用营养状况，尽管一些研究也使用日常生活能力（ADLs）、一些具体健康状况和医疗使用情况。相反，使用发达国家数据的绝大多数研究都使用自评健康状况、健康受限能力和医疗卫生利用情况。

死亡率、预期寿命等指标只是衡量健康状况非常粗略的指标，这些指标忽略了与健康状况相关的生活质量的各个方面。而人的身体指标，例如营养状况等指标虽然反映了生活质量，但只是一个非常片面的方式，这些指标对于健康问题并不敏感，而且它们也只是与成人健康状况有限地相关。为了在人群中检验普遍的健康状况之间的不平等性，就需要一个与很广泛的健康状况相关的指标，并且这个指标要涵盖广泛的健康信息。

尽管健康本质上是一个多维度的概念，但是为了分析需要也可以把总体的度量分拆成单个的维度来构建。一些指标算法已经发展为一些健康状况的衡量指标了，例如SF-36健康调查简表（The 36-Item Short Form Health Survey, SF-36）（Brazier et al., 1998），欧洲五维健康量表（European Quality of Life 5-Dimensions, EQ-5D）（Busschbach et al., 1999），the McMaster健康效用指数（HUI）（Feeny et al., 2002），使用心理指标和身体健康指标结合的方法提取健康指标，通过因子分析（主成分分析）的方法提取因子构筑健康指标（Van de Ven and Hooijmans, 1991; Van Doorslaer, 1987; Lavy, 1995; 魏众, 2003）。这些总和的度量比那些单一维度或者维度较窄的指标受欢迎，但是这些指标只适用于健康调查数据，而这些调查数据中又往往缺少生活标准，因此并不适合用来分析健康的社会经济不平等，通过因子分析方法构造的健康指标与本样本中的因素相关，缺乏可比性和受限样本性，因此并不具有普遍适应性。

从调查问卷中得到的健康指标大部分都是自报的健康状况。除了数据方便得到外，这些指标已被证明可以有效地表达人群中的健康差异。特别是，自评健康已经被证明可以预测死亡率（Idler and Benyamini, 1997; van Doorslaer and Gerdtham, 2003），自评健康指标可以分为三类：医学类可观察指标、功能类可观察指标和主观评价指标。医学类指标是根据医学症状来估计健康状况，例如特定疾病或缺陷，被医生确诊的慢性或者急性疾病都属于这类。功能性指标是与缺乏实施某项正常任务的能力或者不能执行某种正常角色相连的指标。例如日常生活能力缺乏，或者因病在某段时间内活动受限的天数。主观的自评指标包括下列问题："你如何评价自己的总体健康状况——很好、好、一般还是差？"或者是询问被调查者认为在过去的一年中自己的健康状况是变好了还是变差了。

实际研究中需要使用不同的关于成人健康指标——医学上的、功能性的和主观的来分析不同社会经济地位的健康状况分布。

自评健康状况指标因其主观性也受到许多批评，主要集中在其可能存在的偏差（Bartel and Taubman，1979）。偏差来自以下几个方面：（1）由于作出回答的是被调查者的主观评价，并且健康存量是随着年龄而折旧的（Taubman and Rosen，1982），因此样本中被调查者之间，尤其是不同年龄段的被调查者之间不一定具有可比性；（2）由于受教育程度或者其他原因，被调查者可能错误理解题意或不能准确理解题意而误答，就会产生统计上的测量误差（Bound，1991）；（3）自评健康状况在一定程度上与个人劳动力市场表现相关，因而存在内生性问题。例如失业者倾向于用健康原因来合理化其自身失业行为；同时，内生性还可能来源于失业使人缺乏活动，无所事事或者不良的工作环境都可能导致健康不良（Sickles and Taubman，1986），即劳动参与和健康之间可能存在的双向因果关系；同时，该指标与社会经济地位及文化特征具有一定系统相关性（如失业者倾向于低估自身生理健康状况，文化程度高者更容易认识到自身的健康隐患等），从而导致报告的健康状况与实际健康状况之间的偏差。

但也有许多研究认为自评健康状况的这种偏误并不重要，使用自评健康产生的估计误差虽然会低估健康的系数，但是由于自评健康的内生性又会高估其效应，所以由于这两种偏差互相抵消，自评健康事实上要优于其他那些客观健康指标（Bound，1991）。从某种程度上来讲，那些更加客观的其他健康指标并不能准确地估计"工作能力"。一些研究结果也支持了这种论断。例如，当使用较多的客观指标时，研究发现健康的估计效应很小（Chirikos and Nestel，1981；Lambrinos，1981；Parsons，1982；Anderson and Burkhauser，1984）。

从自我报告的或者是其他更客观的指标中得到的健康差异往往也是报告行为本身系统差异的反映。例如，在澳大利亚，尽管根据一些更客观的健康指标（例如死亡率）来看，原著居民健康状况不佳，但是他们却倾向于自报较好的健康状况（Mathers and Douglas，1998）。尽管印度喀拉拉邦的婴儿和 5 岁以下儿童死亡率都是最低的，但是自报的发病率该邦一直是最高的。Wagstaff（2002）指出与收入相关的不良健康状况客观指标，例如营养不良和死亡率，其不平等程度要高于这些主观健康指标。并且，在发展中国家，使用主观的健康度量指标会导致一些未必存在的健康等级，因为富裕者与贫穷者相比更倾向于报告较差的健康状况（Baker and Van der Gaag，1993），这与婴儿和儿童死亡率、人类发展指数这些指标不一致，这些指标在富人中显著低于穷人中（Gwatkin 等，2003）。

Milcent and Etile（2006）在自报健康水平为一般的这部分人群中发现存在一些与收入相关的报告差异，但是在使用自报健康水平估计健康不平等时，如果将自报健康水平二分为一个健康水平是否较差的指标后，偏误会大大减低。这种处理方法比较适合发达国家的数据，而在发展中国家这种偏误会较大，因为不同收入和受教育水平的人群对疾病的理解有很大的差异。使用发展中国家数据，有一个较复杂的解决报告异质性问题的方法。即从案例简评中，在给定的健康水平上估计报告差异，然后从个人的自身健康状况评价中消除掉这个差异（Salomon 等，2004；Tandon 等，2003）。世界卫生组织（WHO）的健康调查中，已经搜集了许多国家的案例简评。Bago d'Uva et al.（2006）使用 WHO 的案例简评验证来自中国、印度和印度尼西亚三个国家的人口统计特征和社会经济地位不同的报告异质性，发现不同社会人口统计特征组中存在显著的报告差异，但是总体上，使用自评健康分析健康不平等时，报告偏差并不大。

相对于自评健康的主观性和一些客观指标的狭窄性，健康质量指标（quality of well-being scale，QWB）（Kaplan and Anderson，1988）是关于个人健康状况的一个客观指标，同时也反映了个人对自己健康状况的主观评价。该指标结合了主观与客观两部分，在医学、经济学、心理学等多学科的专业知识基础上构建而成，其值介于 0 和 1 之间，其中 0 表示死亡，1 表示最健康。因此该指标是一个较全面代表一个人健康水平的代理变量。

健康质量指标分为三个功能指标和一个症状/问题的综合征状指标，功能指标分别是行动（MOB）、体力活动（PAC）和社会活动（SAC），这三个功能指标中每一项与健康相关的因素都有不同的权重,权重的选择是根据医学知识,把所患疾病和身体的伤残这些与健康相关的情况与从事这三类活动的能力相连构造所得(见表4—1)。表4—2列出了症状/问题综合征状指标(CPX)和具体每一种症状的权重。使用这些症状不需要了解这些症状的严重程度和持续时间,只要在某个给定的日子存在过这些症状即可。

计算四个指标的权重就可以得到健康生活质量指标的具体值。将调查所得对问题的具体描述对应到每一个指标的具体行动,根据前面编号,即可在此表中查出相应权重,从而计算出个人的健康生活质量指标。具体指标可以参见表4—1。表4—2还给出具体的计算方法示例。

表4—1 健康生活质量指标(QWB)的定义和样本计算方法

| 步骤编号 | 定义 | 权重 |
| --- | --- | --- |
| | **行动能力度量(MOB)** | |
| 5 | 不因健康受限 | -0.000 |
| 4 | 因健康原因无法驾驶或乘坐公共交通工具,或者是需要帮助才可以乘坐公共交通工具 | -0.062 |
| 2 | 住院 | -0.090 |
| | **体力活动度量(PAC)** | |
| 4 | 不因健康受限 | -0.000 |
| 3 | 可以自己乘坐轮椅行动;无法上楼梯、弯腰、下蹲、爬坡和举重,或者是做这些事情有困难;走路需要使用拐杖或其他物品帮助;在行走方面有其他任何限制或者仅仅是无法像同龄人一样走得快。 | -0.060 |
| 1 | 需要他人推轮椅,或者由于健康原因长时间躺卧 | -0.077 |
| | **社会活动度量(SAC)** | |
| 5 | 不因健康受限 | -0.000 |
| 4 | 从事一些娱乐活动时因健康而受限 | -0.061 |
| 3 | 在从事一些主要或重要活动时因健康而受限 | -0.061 |
| 2 | 虽无法参与主要活动,但可以自理 | -0.061 |
| 1 | 无法参与重要活动,且在那些自理活动中也有困难 | -0.106 |

(续表)

| 步骤编号 | 定义 | 权重 |
|---|---|---|
| 健康生活质量中的症状/问题等综合症状（CPX） | | |
| 综合征状编号 | 综合征状描述 | 权重 |
| 1 | 死亡 | −0.727 |
| 2 | 无意识,例如癫痫、昏迷不省人事或者昏迷 | −0.407 |
| 3 | 面部、身体、手臂或者腿大面积烧伤 | −0.387 |
| 4 | 妇科疾病 | −0.349 |
| 5 | 无法正常学习、记忆或者思维清楚 | −0.340 |
| 6 | 身体有残疾(任何手、脚、胳膊、腿) | −0.333 |
| 7 | 胸部、胃、颈部、背部、臀部或任何关节、手、脚、胳膊、腿的疼痛,僵硬,无力,麻木 | −0.299 |
| 8 | 泌尿系统疾病 | −0.292 |
| 9 | 恶心或者胃部不适、呕吐,发烧或者不发烧但是感到冷、全身疼 | −0.290 |
| 10 | 疲劳、虚弱或者体重减轻 | −0.257 |
| 11 | 发烧,咳嗽,呼吸困难,风寒或者全身疼痛 | −0.257 |
| 12 | 感到不安、沮丧或者想哭泣 | −0.257 |
| 13 | 头疼、头晕、耳鸣或者感到焦急不安 | −0.244 |
| 14 | 身上有皮疹、皮炎 | −0.240 |
| 15 | 口齿不清、无法说话或者表达困难 | −0.227 |
| 16 | 眼睛不适或者经矫正后视力仍然有问题 | −0.230 |
| 17 | 超重、有皮肤病或缺陷 | −0.188 |
| 18 | 耳朵、牙齿、下巴、喉咙、嘴唇、舌头疼痛,有修补或者假牙,鼻塞、流鼻涕或者听力有问题(包括带助听器) | −0.170 |
| 19 | 因健康原因服用药物或者被规定饮食 | −0.144 |
| 20 | 戴眼镜或者隐形眼镜 | −0.101 |
| 21 | 居住环境空气质量不佳 | −0.101 |
| 22 | 无任何综合征 | −0.000 |
| 23 | 标准的综合征 | −0.257 |

资料来源：Kaplan 等,（1989）。

表 4—2　计算公式和例子

| 计算公式 |
|---|

公式1:个人健康生活质量得分(W)

$W = 1 + (CPXwt) + (MOBwt) + PACwt + SACwt$

其中 wt 是每一个因素的权重系数,CPX 是症状/问题度量。计算的例子如下:

| 健康生活质量因素 | 步骤定义 | 权重 |
|---|---|---|
| CPX | 发烧,咳嗽,呼吸困难,风寒或者全身疼痛 | −0.257 |
| MOB | 无限制 | −0.000 |
| PAC | 整体或者大多数时间卧床不起 | −0.077 |
| SAC | 无法在活动中承担重要角色但是可以自理 | −0.061 |
| | $W = 1 + (-0.257) + (-0.000) + (-0.077) + (-0.061)$<br>$= 0.605$ | |

资料来源:Kaplan 等,(1989)。

注:个人健康生活质量(QWB)取值在(0,1)之间,取值越大表明健康状况越好。

## (二) 经济不平等对健康的影响

在过去的20年中,有很多文章研究经济不平等的变化导致健康变化(Lynch 等,2004),只有少部分文献关注了健康的变化影响经济不平等。收入不平等可能影响健康的假说分为三类:随着个人收入增加,健康的边际收益减少的绝对收入假说;相对收入假说;收入不平等的社会效应假说。若健康状况依赖于个体收入水平,那么标准的经济模型认为,随着个体收入的增加,从增加的一单位收入中得到的健康改进减少(Deaton,2006)。即个人健康是收入的凹函数。这意味着,更均等的收入分配有利于提高人口的总体健康水平。按照这个假说,收入不均本身对健康并没有什么影响,两者表面上的相关关系其实是由绝对收入与健康的非线性关系造成的(Preston,1975;Gravelle,1998)。

对与收入相关的健康不平等研究有很多。研究健康不平等,首先要有衡量健康的指标,以往的研究大致有两类指标,一类是客观指标如死亡率、预期寿命、某类疾病的发病率、身高等（Kunst，1994；Lynch，1996；Mackenbach，1997）。另一类是主观指标如自评健康（Self-Assessed Health，SAH）。

关于收入差距和健康的最初研究大多采用宏观数据。健康指标大多采用客观指标。跨国比较研究结果大多都证明了二者之间的负相关关系（Rodgers，1979；Wilkinson，1996；Moser 等，2005）。由于跨国数据的可比性问题，另有学者使用一国内部宏观数据的研究也支持了两者的负相关关系（Judge 等，1998；Gravelle，1998；Wildman 等，2003；Deaton，2003，2006）。

使用自评健康的微观数据研究却有了分歧。一些研究认为在美国收入差距和健康之间有很强的负相关关系（Kennedy 等，1998；Soobader 与 Le-clere，1999；LeClere 等，2000；Blakely 等，2000；Subramanian 等，2003），而另一些研究却表明这两者之间没有关系（如 Fiscella 与 Franks，1997；Daly 等，1998；Mellor 与 Milyo，2002）。然而，也有一些经验研究发现收入差距在一定程度上有助于提高人们的健康（McLeod 等，2003；Li 等，2004；Hou 等，2004）。原因如下：首先，随着收入差距的扩大，先富裕的群体增加了对自身健康的需求，促使一些医疗机构引进先进的医疗技术。医疗技术的引进与技术本身的外溢效应促使人们健康水平的普遍提高。其次，收入差距扩大如果伴随政府税收收入增加，那么政府将会提高公共支出能力，更有能力改善地区的教育和基础医疗保健等公共服务水平，对人们健康水平的提高起到促进作用（Judge 与 Patterson，2001）。

然而无论使用宏观还是微观数据的研究都证明了贫困、收入匮乏，至少是解释低收入国家死亡率的一个明显的变量。与收入相关的健康不平等广泛地存在于所有这些低收入国家中，并且毫无例外地有利于高收入群体（Van Doorslaer 等，1997，2004）。并且，发展中国家的儿童死亡率在那些低支出的家庭中更高（Wagstaff，2000）。

与国际上的研究相比，国内的研究一部分使用患病状况指标作为健康的衡量指标，常用指标有两周患病率、慢性病患病率、年人均因病卧床天数、年人均因病休工（学）天数等（朱伟，2001；孟玮，2003；井明霞，2003）。一部分使用自评健康指标和收入指标进行收入相关健康不平等研究（刘宝、胡善联，2004；胡琳琳，2005；齐良书，2006；封进，2007），由于大规模调查数据的缺失，大多研究都是针对小范围区域内的横截面研究。很少有面板数据研究。但这些研究也证实了收入不均与健康差距之间的负相关关系（Liu 等，1999；胡琳琳，2005；齐良书，2006；孟庆跃，2007）。

### （三）健康对经济不平等的影响

尽管大多数的文献都去验证经济发展不平等影响健康这个假说，但是使用同样的经验工具也可以去探索健康对经济不平等的影响。

Wilkinson and Pickett（2006）对以往文献的总结分析发现，大部分（70%）的已有文献都认为在一个相对收入差距大的社会中，健康状况不佳。这个发现进而引起了大量研究和对相关政策的讨论，因为在过去的几十年中，许多国家都经历了明显的收入不平等（Atkinson，2007）。因此，健康的负效应可能会通过大大增加社会成本而扩大收入不平等。这个问题同时具有很强的政策相关性，特别是对发展中国家。因为发展中国家的相对收入不平等受到税收政策和来自公共部门的转移支付更大的影响。

宏观层面上的大量研究已经表明人口健康对经济发展有显著的积极作用，特别是对于低收入国家而言（Bloom and Mahal，1997；Bloom and Sachs，1998；Bloom and Canning，2000；Bhargava 等，2001；Bloom，Canning and Sevilla，2001；Rivera and Currais，1999）。而人口健康对一国宏观经济增长发生影响的作用机理在于：健康如同教育一样在微观层面上，影响个人的劳动生产率和劳动供给。所以健康对经济不平等的影响其实是通过对劳动行为的影响发挥作用。健康对经济不平等的影响可以分为三类：劳动市场效应，教育水平效应和婚姻市场效应。

#### 1. 健康的劳动市场效应

对健康与劳动力市场表现关系的论述最早始于1962年美国经济学家马许金，他认为"健康既增加劳动的人力供给也提高劳动力质量，与教育相比，教育投资是一个发展的过程，它搜索并增加国家的人才，健康基本上是防止死亡和残疾产生的不良环境"(Mushkin, 1962)。

健康对劳动参与情况的影响是健康和劳动经济学中值得研究的一个问题。因为健康资本不同于其他人力资本,一般人力资本会影响市场或非市场活动的生产力,健康资本则会影响可用于赚取收入或生产消费品的总时间(Grossman, 1972)。

良好的健康状况意味着生病时间的减少和工作时间的相对延长,意味着劳动者有更充沛的精力和充足的时间投资到教育、培训等其他人力资本形式上,因而更具生产力(Cropper, 1977; Bloom and Canning, 2000; Pardes 等,2002)。对美国劳动力市场上研究发现,健康的改进明显地提高了所有劳动者的劳动参与率(Bloom and Canning, 2000),对于黑人男性和老年白人男性,这种效应尤其明显,对于这两个群体而言,在 1979—1999 年间,健康改进对其的价值相当于增加一年教育的价值;对于年轻的白人男性而言,这个价值相当于增加半年的教育;对于女性而言这个价值降低到相当于增加三个月的教育。如果考虑到健康的劳动价值仅仅是其全部价值的一部分的话,那么这些健康改进的效果是极其显著的(Bhattacharya & Lakdawalla,2006)。

健康不良和慢性病会导致间接的劳动成本,这已经越来越成为一个共识,也因此引起了政策制定者的关注。健康不良的人在劳动力市场上会遭受损失,如就业机会减少、工资降低、工作时间缩短及晋升机会减少,有的甚至被迫放弃就业(Currie & Madrian, 1999; Stern, 1989; Bound 等,1999; Campolieti,2002; 樊明,2002; Cai & Kalb,2006)。

虽然良好健康状况的促进作用和疾病的间接负担从理论上已经很清楚,但是在具体度量这种影响时,使用不同的健康测度指标对研究结果有重要影响。并且由于无法准确度量健康,在研究健康效应时常常会出现偏差,这就类似于人力资本模型中的"能力偏差一样"(Griliches, 1977)。例如,如果更加健康的人倾向于能够得到更高的教育水平,那么在工资方程中如果无法控制健康的影响,就会过高估计教育的影响。类似,如果更健康的人具有较低的劳动供给弹性,那么在劳动供给方程中无法控制健康的异质性,就会低估劳动供给对工资的弹性。因此解决健康的内生性和联立性一直是研究的重点和难点。而健康的劳动市场效应也沿着两条线索展开，一条是健康对就业的影响，另一条是健康对收入的影响。而这两方面的研究方法都分为把健康作为外生变量处理和把健康作为内生变量处理。

### 2. 健康对就业的影响

关于健康影响就业与收入的实证研究，尤其是微观层面的计量研究在西方劳动经济学与健康经济学中一直占据着重要的地位。研究已经证实健康状况是影响人们劳动参与决策的重要因素（Adams 等,2003；Smith,2004；Lindeboom,2006）。健康状况不佳或者恶化是导致较早退出劳动市场的重要原因（Bound 等,1999；Dwyer and Mitchell,1999；Kerkhofs 等,1999；Campolieti,2002）。关于健康对劳动参与率影响的文献集中在两个主要问题上。第一，健康状况和大病冲击对青壮年劳动者劳动参与率的影响（Curie and Madrian,1999；Cai and Kalb,2006；Gannon, 2004；Oguzoglu,2007）。第二，健康状况和大病冲击对特殊人群的劳动参与率的影响。这些人群包括老年人（对他们而言，健康问题可能导致永远退出劳动力市场）和残疾人［对他们而言，持续的但是较少的参与劳动力市场可能比较可行，再培训也可以消除一些大病冲击的影响（Mete、Schultz,2002；Haardt, 2007, Rice 等,2007；Zucchelli 等,2007）］。

最初采用的是将健康变量加入劳动参与方程中，估计健康对劳动参与的影响是使用普通最小二乘法或者改进的最小二乘法。Probit 模型计算健康对劳动力参与和就业概率的边际影响（Luft,1975；Bartel & Taubman,1979；Benham,L. & Benham,1982；樊明,2002），研究认为健康不良对就业有显著的负面影响，健康状况的改善提高了人们就业的概率。这一结果对男性和女性都成立。

但是在估计健康和劳动参与之间关系时存在各种形式的偏差。尽管健康部分地由出生时的天赋先天决定，但是对于个人劳动力市场的行为来说，健康并不是外生变量，尤其是从人一生的周期来看。就像其他形式的人力资本一样，人们投资于健康是为了提高人力资本或者降低人力资本折旧水平。因为这种投资需要资源，例如再生和锻炼的时间、健康护理的支出,所以从某种程度上讲健康内生性是指,人们需要在健康资本产出与劳动供给和其他消费之间作选择(Grossman,1972)。另外,劳动力市场上的活动对个人的健康也可能有直接影响。例如,百无聊赖或者缺乏活动可能导致健康的恶化(Sickles and Taubman,1986;Stern,1989);就业不充分或者失业可能引起精神问题,失去的工作对于个人来讲满意程度越高,则健康问题产生的可能性越大(Dockery,2006);失业持续时间越长,失业者的心理问题就越严重(Dockery,2006);即使对于有工作的人而言,不确定的工作也会导致较低的心理健康水平(Adam and Flatau,2005),即使是确定的工作,但是工作也是有压力的,与工作相连的压力也不利于健康(Lysalcer等,1995)。这些都表明,劳动力的状况也同时影响健康。如果在劳动供给模型中,将健康状况作为外生变量的话,那么在分析健康对劳动市场状况的影响时,当前劳动力状况对健康的潜在负效应会产生联立偏差。

如果我们可以准确地估计健康,那么上面描述的健康内生性就是可以估计出来的。但是个人的健康状况很难准确估计,而且在大多数的调查数据中,通常只报告自评健康状况。尽管有大量的文献已经表明自评健康状况是衡量死亡率和发病率很强的和独立的指标(Idler and Kasl,1995;McCallum等,1994;Connelly等,1989;Okun等,1984;Lundberg and Manderbacka,1996),但在劳动供给模型中使用自评健康作为健康变量仍然有很多争议。这是因为使用自评健康会产生另一种形式的内生性。不在劳动力市场中的人倾向于用健康状况不佳作借口,以此合理化自己的非参与行为(Anderson and Burkhauser,1984,1985;Stern,1989;Bound,1991;Dwyer and Mitchell,1999;Kreider,1999),这种借口的后果是导致健康变量内生化并且容易高估健康对劳动参与的影响(Bound,1991)。因此把这种与自评健康相关的内生性称为"理由内生"(justification endogeneity),与真实健康相连的内生性称为"实际内生"(true endogeneity)。

无法观测的异质性也会引起健康内生性。例如可能存在一些无法观测的变量,如同时影响健康和劳动供给的偏好。因此,为了得到有效的估计结果,不能使用单一方程估计。为了解决由自评健康引起的"理由内生性"问题,有学者使用更加客观的健康变量例如死亡率(Parsons,1982;Anderson and Burkhauser,1984,1985)或者是具体的健康情况代替自评健康水平(Bound,1991;Bound 等,1999;Dwyer and Mitchell,1999;Campolieti,2002)。

虽然使用自评健康状况作为健康指标存在这样那样的问题,但是由于数据的缺乏,研究者们还是利用各种计量方法来规避其存在的问题而使用它进行研究。而且也有使用联立方程方法并没有发现支持理由假设的证据(Stern,1989;Dwyer and Mitchell,1999;Cai and Kalb,2006)。

为减小估计偏差,采用工具变量法估计。当地治疗普通感冒的费用、父母亲健康状况和儿童时期健康状况、身高体重比、距离最近医院的所需时间、兄弟姐妹的个数、父母亲的受教育程度等都被用来作为工具变量。两阶段估计法(Chirikos & Nestel,1985;Baldwin & Johnson,1994;Stern,1989,1996;strauss,1998)采用劳动参与状况作因变量,利用各种健康测度指标,首先通过 Probit 方法估计劳动参与方程,然后通过有序 Probit 估计自评健康状况,而后使用第一阶段的预测值再进行估计。

虽然从理论上讲,健康与工作之间的关系是很清楚的,但是两者之间的因果关系却很复杂(Strauss and Thomas,1998)。因为一方面健康状况影响劳动参与率(Currie and Madrian,1999),另一方面不良的工作环境也会影响健康状况(Stern,1989;Leung and Wong,2002)。因此为了控制这些因果关系,一些研究使用联立方程方法或者 FILM 法对参与和健康联立估计(Lee,1982;Stern,1989;Bound 等,1999;Campolieti,2002;Cai and Kalb,2006;Disney 等,2006;Gameren,2008)。还有一些例如 GMM 方法、Difference in Difference 方法等也是在上面三种方法的组合上,采用不同的分析工具对估计结果进行检验(Mullahy and Sindelar,1996;Ettner,1997;Dow 等,1997)。

这些研究方法虽然使用不同的健康变量,并且对健康是内生变量还是外生变量的处理不同,但是结果都证实了不良健康状况影响人的就业状况,健康状况不佳的人劳动参与率低,而且疾病也可能增加缺勤和削弱工作表现,这会影响工资收入,增加被解雇的概率,同时也减少了晋升机会。那些身体或心理上有缺陷的雇员,即使他们工作表现很好也很可能会受到雇主的歧视。健康状况不佳的工人更可能有健康状况不佳的孩子，由于这些孩子也需要更多的照顾，这也会影响到父母的劳动时间。

国内对此问题的微观计量研究非常少。魏众（2003）利用1993年的数据分析认为，健康对总和劳动参与率产生显著的影响，对非农就业参与率同样产生显著的影响，但对种植业的参与率几乎没有影响。较好的健康状况与劳动参与率都存在显著的正相关关系，很健康和健康之间的差异不很明显，但他们与健康状况一般相比对劳动参与有更大而且明显的影响。任兆璋、范闽（2006）使用"中国健康与家庭生活调查"2000年的数据发现，在我国，自评健康状况为优秀者相对于自评健康状况为不太健康者，若其他条件相同，其劳动就业的概率将比后者高8.46%；正常水平以上健康状况的人群中，健康对就业的影响并不显著。他们认为，由于我国社会福利制度不健全，个人收入较低，所以只要健康不会严重妨碍个人就业，劳动者通常都会选择参与劳动。刘生龙（2008）使用中国营养健康2006年的截面数据研究了中国农村居民健康对其劳动参与率的影响，发现健康对中国农村居民的劳动力参与有显著的影响，平均而言，健康状况每增加一个等级，中国农村居民劳动力参与的可能性将会提高3.48个百分点；并且健康状况对老年人劳动参与的影响大于对中青年的影响；对女性的影响大于对男性的影响。但是这些研究并没有考虑到健康状况和劳动参与率之间的内生联系。

### 3. 健康对工资和收入的影响

无论是在流行病领域还是健康领域的研究，重点都一直是放在收入等社会经济地位因素对健康的影响上。从 Grossman（1972）建立健康生产函数以来，已经有大量的研究从微观数据和宏观数据出发证明了收入对健康的影响（Luft, 1975; Bartel & Aubman, 1979; Benham & Benham, 1982; Lee, 1982; Chiricos & Nestal, 1985; Baldwin & Johnson, 1994; Stern, 1996），但影响方向并不一致。在个人所获得的经济资源和时间限制下，健康投资可以维持和提高健康资本。更高的工资意味着健康生产中更多的经济投入，这揭示了工资对健康的正效应。另一方面，健康投资回报的增加也加大了健康投资的机会成本，它使个人更多地参与市场活动，投入健康生产的时间减少，这又产生一个工资对健康的负影响（Grossman & Benham，1974）。因此收入对健康的影响方向并不是一定的。但是如 Bartel and Taubman（1979）所言，健康问题可能影响到获得的人力资本或技能的积累、成本和回报。因此健康对收入的反向影响不容忽视。

经济学家最早研究健康和收入之间的关系时，是选择将健康状况变量作为解释变量加入收入方程中，使用 OLS 方法估计健康对收入的影响。Currie & Madrian（1999）总结了使用 OLS 方法对健康与劳动收入关系的研究。总体来讲，这些研究发现在劳动收入与关节炎、哮喘、高血压、身体残疾、精神失常和自评健康水平之间有很强的负相关（Luft, 1975; Bartel and Taubman, 1979; Chirikos and Nestel, 1981; Benham and Benham, 1982; 樊明, 2002）。

在估计工人收入的影响因素中，健康的持续效应激励着经济学家们进一步研究健康和经济之间的关系。这些研究虽然很多，但是很少有研究区分健康对劳动收入的影响和劳动收入对健康的影响。

研究健康的经济效用，最大的问题来自健康的内生性问题。内生性是指在模型中一个或者多个解释变量与误差项相关，内生性的主要原因有以下三种：第一，遗漏变量，且该变量与模型中的其他参数相关；第二，解释变量与被解释变量相互作用、相互影响、互为因果；第三，测量误差，对关键变量测量有误差，导致其与真实值之间存在偏误，从而导致内性性。健康的经济效应度量，出现内生性的原因主要是解释变量和被解释变量之间互为因果，因此需要计量方法处理内生性。Heckman 二阶段估计、联立方程法以及后来的半参数法（Stern，1996）都属于将健康作为内生变量处理的方法。决定个人健康投资的当地价格、医疗保健的可获性和社区水平的健康投资，以及父母的健康水平，都被作为外生工具变量。

例如 Ettner（1997）利用父母的精神健康状况作为子女精神健康水平的工具变量，发现精神健康状况对就业和收入的影响减少，但是仍是负的。同样，Black，Devereux and Salvanes（2007）使用在包含两对固定效应的识别方程中，利用双胞胎出生体重的差别，发现较重的孩子，通常在出生时更健康，而且在成年以后更容易得到较高的收入。

使用联立方程检验健康状况对工资影响的研究开始于 Grossman & Benham (1974)。他们的联立方程包括周工资的对数的决定方程和健康的决定方程，而后使用两阶段方法去估计 18 岁以上男性劳动者的样本。研究发现，可得的健康不佳变量对工资有显著的负效应，而工资对健康不佳有正效应；将 65 岁以上人的样本加入时，工资对健康有显著影响，而当把他们排除出去，这种影响变得不显著。他们发现，健康的内生性导致健康的效应被明显高估。Lee (1982) 使用一个健康和工资的联立方程和两个无法观测的健康资本的离散指标，通过研究 45—59 岁男性的情况发现，潜在的健康状况对小时工资有显著的积极影响。然而，与 Grossman & Benham (1974) 的研究不同的是，Lee (1982) 使用 1966 年 NLS45—59 岁男性的数据，也在联立方程的分析框架内使用两个不可直接观测的健康资本的分散指标估计健康和工资，却认为工资率对健康也有一个正的显著影响，控制了工资对健康的这种逆影响使得健康对工资的影响显著减小。Haveman (1994) 使用 PSID 数据估计：小时工资、平均工作小时和健康状况的关系也是使用联立方程方法，不同的是，在他们的模型中，工作小时也被假定影响健康，而且工资率并不进入健康方程中，因此工资对健康的逆效应并没有检验，而是使用滞后一年的健康状况变量影响工资。使用 GMM 估计方法估计 24—65 岁之间白人男性的健康状况对工资率的效应，发现滞后的疾病—健康变量显著减少工资，并且考虑健康内生性时这种效应更大。

Bhattacharya(2006) 估计了健康改进可以带来的劳动产出增加的具体数值。对于 60 岁的白人男性和 40 岁以上的黑人男性，健康改进可以增加其预期一生产出的 8%；对于 40 岁的白人男性，这一数值是 5%，而对于各个年龄段的黑人女性和白人女性，这一数值都大致为 2%，产出的增加，不仅对社会有利，而且也增加个人的收入，因此健康促进措施对个人及社会都有重要的意义。

Cai(2008) 使用澳大利亚的数据证实了较差的健康状况导致较少的工作小时数。他们研究发现那些经历健康冲击使健康状况变差的人，每周工作小时平均减少一到两个小时，而那些经历健康冲击使得健康状况变得很差的人，每周工作小时平均减少七到八个小时。Cai（2007）针对澳大利亚男性的研究证实了健康对工资有显著影响，但只有在加入了健康的内生性和测量误差后，影响才是显著的。他证实了健康的收入效应很大，例如，与那些健康状况不好或者一般的人相比，健康状况好的人的工资比他们高18%。他的研究没有发现工资对健康有逆效应，健康的内生性大部分产生于同时影响健康和工资的那些无法观察的因素。

使用中国的数据研究对两者关系的研究结论并不一致。例如张车伟（2003）将个人人力资本变量加入生产函数方程中，使用了一组工具变量测算营养和健康对贫困地区农户收入的影响，该项研究使用的健康水平是家庭劳动力的均值，他的研究发现疾病对农户种植业收入的影响非常大，但是魏众（2004）利用因子分析方法提取健康变量，使用两阶段模型校正了选择偏误问题，没有较好控制健康内生性，他的研究认为健康对农户的非农就业收入并无显著影响。上述分析使用的是一年的横截面数据，没有考虑时序的影响，刘国恩（2004）利用CHNS 1991—1997的数据，在家庭生产函数的分析框架内，使用固定效应估计方法估计了健康的经济效应，虽然消除了家庭背景对个人的影响，但是也没有解决内生性问题，并且个人收入采用的是家庭人均收入值，也并不准确，他的研究支持了健康对人们收入的正效应影响。这些分析没有考虑到收入对健康的逆效应，可能会使得估计产生偏误。而高梦滔、姚洋（2005）通过使用中国8个省份、1354个农户、跨度15年的微观面板数据，测算了大病冲击对农户长期收入的影响，大病冲击使得患病户人均纯收入平均降低5%—6%。苑会娜（2009）使用北京市农民工的调查数据发现农民工的初始健康状况越好，收入越高，而健康对收入的作用更多体现在提高单位时间收益率上。

### 4. 健康的教育和婚姻效应

在之前的很多研究中，教育获得或者是受教育年限，都被认为与健康状况有很强的关联。两者之间的关系以教育对健康的影响研究为多。相关的政策建议也认为如果教育直接影响健康，那么在基础资源分配上向教育倾斜不仅有利于人群中平均受教育程度的提高，也对人群中健康水平的提高有利。类似，如果教育影响到个人的收益选择和不利于健康的投入，那么教育程度的提高对个人良好的健康状况的生产和维持都有一个额外的间接影响。

尽管有相当多研究健康差异的文章已经发现个人的受教育水平对健康有正的显著影响（无论健康是以死亡率、患病率还是自评的形式估计），还有许多研究使用微观数据分析受教育水平和健康之间到底存在什么关系，以及为什么会存这种关系，但是关于两者之间的关系，现有文献并未达成一致观点，通过对文献的梳理，我们发现大致存在以下三种观点：第一种观点支持两者之间有直接因果关系，因此教育会增强健康产出（Auster等，1969；Grossman，1976；Grossman and Joyce，1987；Taubman and Rosen，1982；Berger and Leigh，1989；Behrman and Wolfe，1989；Kenkel，1991、1995）；第二种观点认为两者之间是一种伪关系，因为一些无法观察的因素，例如个人偏好或者家教等因素同时影响健康和教育且影响方向一致（Rosenzweig and Schultz，1983）；第三种观点则支持逆因果关系，认为良好的健康状况支持个人能够取得更高水平的教育（Edwards and Grossman，1979；Shakotko 等，1981；Shakotko and Grossman，1982；Perri，1984；Wolfe，1985；Berger and Leigh，1989）。

而对低收入人群的关注，人力资本的角度一直以来都聚焦在这些人的低教育获得和贫困之间的关系上。关注教育的原因是，教育是摆脱贫困和低教育水平恶性循环的一个方法。对教育收益率的研究一直是热点。但是人力资本的研究一直都忽视了健康这个因素。

对儿童的研究发现，那些患有慢性病或者营养不良的儿童和健康的营养状况良好的儿童，即使在同样的教育机会面前也不可能平等享有这些教育机会和教育资源。有慢性病或者营养不良的儿童都可能会有副作用，包括：智力受到影响，学习时间不充足，发展的关键时期受到干扰等（Cohn，1971；Blau，1980；Cravioto，1973）。孩童时期较差的健康水平会通过直接的生理渠道影响个人的教育结果，因为早期的健康状况直接影响大脑发育。而待到上学时期，健康状况不佳会减少入学率和导致注意力不集中，这样会影响其在学校的表现（Haas，2006）。从小健康状况不佳的儿童（例如出生时体重过低等）在其之后的一生中可能智商都低。小时候营养不良或者经常生病的孩子可能会错过学校教育或者即使在学校也昏昏沉沉效率很低。出生时有生理缺陷的例如视力、听力或者语言上有障碍的在学习中更会遇到麻烦。

对成年人的研究（Perri L.,1984）也证实患有慢性病导致人力资本积累少。并且大量证据也证实了（很多来自发展中国家的证据）较差的健康状况导致患病率高，从而意味着较低的生产率（Bhargava 等,2001）。其实健康对个人收入影响的一个很重要途径就是影响教育收益率。健康的改善在延长个人寿命的同时也延长职业生涯，从而提高教育收益，降低教育投资折旧，并且好的健康状况也有利于成年人在职培训的参与。

对列数据的跟踪研究发现对于孩童时期健康状况就较差的人而言，其认知发展过程中，学校的作用和其他健康孩子相比非常有限。缺勤率（不上学的天数）经常被用作解释教育获得的外生变量或者是衡量健康状况的外生变量，并没有把该变量作为受到教育获得和健康以及社会经济状况影响的内生因素对待。教育现象代表一个认知的发展，它还可能受到家庭社会经济地位、遗传因素、学校投入、时间投入、父母在子女身上的时间投入、健康等的影响。投入在学校的时间（出勤）也同样受到许多相同因素的影响（例如健康、家庭社会经济地位、父母投入时间），并且也影响个人的教育获得，因此是内生变量，所以最好把这个变量只看作一个中间结果，只看作是一个联立系统的一部分而不单独评估。

受教育程度影响健康状况，同样，健康状况也影响受教育程度。Wolfe (1985)估计了一个联立方程，发现身体疾病和精神紊乱都会导致受教育年限的减少。在一个滞后识别模型中，Koivusilta 等,(1998)使用芬兰的数据发现，对于25—30岁的被调查者而言，青少年时期较差的健康行为与他们较低的教育水平相关。Gan and Gong(2007)使用结构模型发现：21岁以前的严重疾病会使个体减少1.4年的受教育年限。同时，早发性疾病和残疾会带来包括较低的受教育水平和一生中较低的劳动参与率双重后果（Burkhauser 等,1993）。子女在孩童时期的健康差异预示了他们随后在教育程度和劳动力市场上成就的差异（Haas,2006）。

使用中国的数据发现,健康状况不佳是家庭致贫的重要原因,即"因病致贫"。这种因健康状况不佳导致的贫困更是一种能力剥夺和机会丧失,是造成贫富差距的一个重要原因(孟庆国、胡鞍钢,2000)。Yuyu Chen and Li-An Zhou(2007)检验了1959—1961年的大饥荒通过影响这个年代出生队列(Birth Cohort)的人的健康状况,进而影响他们在30年后的劳动供给和收入。宏观和微观主体在健康投资上的不均衡使得一部分群体健康水平下降,由此导致其参与经济活动能力下降,原本就处于较低的社会经济地位,加上由于健康状况不佳导致的参与经济活动能力下降或受限,使得收入进一步减少,更加拉大了不同健康和社会经济地位人们之间的经济不平等(孟庆国、胡鞍钢,2000)。农户中的劳动力因为受到大病冲击,自身的健康状况下降,而减少子女的教育人力资本投资,从而导致了整个家庭长期平均收入水平的下降(孙昂、姚洋,2006)。健康作为人力资本的一种重要形式,是人基本能力的重要影响因素,但由于其度量的复杂性和数据的缺失,在对中国情况的研究中,一直被忽视,中国营养健康数据包含了有关健康方面的丰富变量,可以构造较为客观的健康指标。而过去的关注点大多放在经济不平等、收入差距会造成人们之间健康不平等的加剧上,因此政策建议是缩小收入差距,才可以减少人们之间的健康不平等。

# 五、健康状况和健康不平等分布状况

早在1978年,联合国就通过《阿拉木图宣言》[①] 提出,每个国家都要实现"人人享有卫生保健"的目标。这个目标的实现需要缩小国家之间以及一国内部不同人群之间的健康差异,做到健康公平。而公平意味着创造平等的健康机会,以便将健康差别降到尽可能低的水平。无论国家之间还是同一国家内部,不同人群之间的健康状况和卫生服务利用状况都存在着显著的差别,并且这些差别可进行统计学测量,但并非所有的差别都是不公平,只有那些本可避免和不应有的差别才是不公平的(Whitehead, M., 1991),不公平的健康结果与一国卫生体系密不可分。所以研究健康不平等不能只局限在分析健康结果不平等,也应该分析造成不公平的健康结果的原因——医疗卫生服务的公平性,这与国家的卫生体系、国家公共卫生投资密不可分。

世界卫生组织(WHO)关于卫生体系的定义就是其所有活动的主要目的都是促进、恢复和保持居民健康。所以卫生体系的公平性直接影响作为结果的健康公平性。卫生体系的具体活动包括:通过公立医疗机构提供医疗服务、全国范围内的公共卫生服务和以社区为单位的健康教育普及活动(WHO, 2000)[②]。从中国的情况来看这些活动是完全或者部分受控于政府的,因为政府是主要的资助者。很多情况下政府是卫生服务的主要提供者。

---

[①] http://www.who.int/topics/primary_health_care/alma_ata_declaration/zh/index.html.

[②] World health report: health systems improving performance Geneva, Switzerl and 2000.

要评判医疗卫生体系的表现首先要明确其目标。对于医疗卫生体系的最终目标一直是一个存在争议的话题。沿用世界卫生组织（WHO，2000）的定义，"一个医疗卫生体系的目标是向所有人平等、高效地提供能有效预防和治疗的卫生服务，保护所有人不受高额医疗支出的灾难性影响"，而国家应该致力于确保卫生服务的可及性、可接受性及高质有效性。作为一个核心的社会体系，卫生体系要能够反映全体人民的需求（Freedman，2005）。[①] 因此卫生体系的主要目标应该是责任性，而不是临床和经济目标。无论对于发达国家还是发展中国家，这些目标都是一样的。最基本的选择就是在健康和其他目标之间作出选择。尽管一再强调"健康是一种权利"，但是由于部分可用于健康的资源被分配到其他用途上，这一"权利"总是得不到充分的实现。

没有一个国家能够向其所有公民提供对他们有益的全部健康保险。资源必须经过配置。而每一个社会面临的一个挑战就是尽可能公平地分配这些资源，并使资源发挥尽可能大的效用。如果一国不存在健康公平性问题，那么就不存在由健康引起的健康不平等，而在分析健康对经济不平等影响之前，有必要先了解中国健康状况和卫生体系公平性情况。如果存在严重的健康不平等现象，就有必要分析健康对经济不平等造成的影响。本章根据表5—1中医疗卫生服务公平性的指标，结合中国营养健康数据中涵盖的指标分析中国健康不平等情况。

表5—1 医疗卫生服务公平性的指标

| 医疗卫生服务结果：健康状况（弱势群体） | 最低收入人群的死亡率（5岁以下儿童,60岁以上老年人的各种遗传病、癌症等恶性疾病患病率,慢性病患病率等） |
|---|---|
| | 女性、移民、少数民族和生活在偏远地区人的死亡率 |
| 公平的财政 | 政府在最低收入分位上的卫生财政支出比例 |
| | 财政方式的累进性（税收、先付制） |
| | 先付制的程度,间接支付和基本服务的非正规费用 |

---

① Freedman, L. P., Achieving the MDGs: Health Systems as Core Social Institutions, Development 2005, 48, pp. 19–24.

(续表)

| | |
|---|---|
| 风险保护 | 灾难性医疗支出的人群比例 |
| | 由于医疗支出导致贫困的比例 |
| 可及性(弱势群体) | 到达诊所的距离 |
| | 基础医疗设施的利用(例如,现代避孕方式,科学分娩和专家坐诊) |
| 质量(弱势群体) | 功效、安全、持续 |
| 参与 | 被排除出医疗体系的人群比例 |

本书将同时选取个人自评健康状况和健康生活质量指标两个变量度量健康,自评健康状况主观性较强,而健康生活质量指标同时结合了个人的客观健康状况与主观评价,更加全面和真实反映个人健康状况。

## (一) 居民健康分布情况

健康是一个复杂的变量,决定它的因素很多。但在一个人成长过程中,他能否充分发挥自己的最大潜能,有一个欣欣向荣的生活,个人资质和遗传因素固然重要,社会和经济政策也有决定性的影响。对于健康水平的差异,在长时间内,医疗新技术的采用能显著改善健康状况,但是在考察某一特定时点上不同群体的差异时,其他社会经济因素的差别比医疗数量和质量的差别重要得多(福克斯,2000)。一个社会的发展,不单纯等于经济的高速增长,在不同社会阶层中健康分布的公平性和在遭受疾病冲击时候人们能够获得的保护程度亦应是一个重要的衡量标准。正是基于这个原因,才会有大量的研究健康公平性的文献出现。但是对于健康公平性的分析,不应该仅仅局限于健康不平等的现状和加深这些不平等的原因,还要看到健康不平等对社会、对经济发展造成的影响,才能真正从政策上重视它。

作为结果的健康状况差异并不是孤立存在,也不完全是个人遗传、体制、生活习惯所决定,而是与一个国家卫生系统的公平程度紧密相关。在国家作为公共出资人角色缺失时,人们的健康状况以及医疗资源的利用情况与社会等级之间的联系就会日益增强。个人成长、生活和工作环境不同,但如果在遭遇相同疾病时个人所面对的处理体系、制度和政策也不同,就会造成不同的健康结果。这种人为造成的差异会加深个人之间的健康差异,从而也会使健康状况与个人的社会经济地位联系更加紧密。

由于个体差异和每个人生活方式的偏好不同,不可能完全消除健康差异,但现在存在的健康差异并不仅仅是偏好差异和个体差异,更多的是反映了不同收入和社会群体之间的约束差异——较低的收入、较高的时间成本、低水平的医疗保险、较差的居住环境等等,所以这些不平等现象不是简单的不平等而是不公平。

虽然无法消除由于遗传和偏好引起的不平等,但是公平完善的医疗卫生制度能够影响健康不平等的程度,将那些与社会经济地位、居住环境、性别种族等特征相关的不平等降到最低。而事实上,通过医疗卫生供给体系可以使健康分布尽量接近平等分布(Wagsatff and Eddy,1998),通过制定正确的政策可以消除不公平的健康差异。

改革开放几十年,中国虽然在医疗卫生事业上取得重大进展,但是以全体人群样本得出的预期寿命、5 岁以下儿童死亡率等数据并不能反映健康公平性问题,下面根据中国营养健康数据给出与社会经济地位相关的中国居民健康状况分布情况。

对社会经济地位最重要的一个衡量标准就是收入,因此首先观察不同收入分位上成年人的健康状况。分别使用医学指标、功能类指标和卫生服务指标来观察。医学指标中,过去四周是否患病,是否患有慢性病[1],是否患有急性病[2]这三个医学指标都是二值变量。过去四周因病不能工作的天数是连续数值。功能指标中,根据问卷中设计的问题生成了两个二值变量。问卷中只有 55 岁以上中老年人有这部分问题,答案有四个,分别是: 1 是没有困难;2 是有些困难,但还能够做;3 是做时需要帮助;4 是完全

---

[1] 慢性病种类是作者根据问卷中具体疾病种类总结,包括肿瘤、高血压、心脏病、糖尿病、关节炎、冠心病。患有其中任何一种为 1,否则为 0。

[2] 急性病种类是作者根据问卷中具体疾病种类总结,包括感冒,腹泻、胃痛、头痛、眩晕、皮疹、皮炎。

不能做。问题主要涵盖的是日常生活的体力活动。将答案 1 和 2 生成一个变量为活动基本不受限，将答案 3 和 4 生成一个变量为活动受限。卫生服务利用方面的指标选取是否拥有任何形式的医疗保险（包括商业保险）和过去一年中是否有过任何预防保健服务。

表 5—2　与收入相关的健康状况分布

|  | 非农就业总收入分位 | | | | | |
| --- | --- | --- | --- | --- | --- | --- |
|  | 全部 | 1 最贫穷 | 2 | 3 | 4 | 5 最富裕 |
| 医疗指标：四周患病情况 | | | | | | |
| 是否患病或受伤 | 0.138 | 0.167 | 0.126 | 0.139 | 0.145 | 0.131 |
| 因病不能工作天数 | 3.123 | 3.511 | 2.620 | 2.312 | 2.041 | 2.662 |
| 是否患急性病（四周内） | 0.055 | 0.133 | 0.058 | 0.052 | 0.043 | 0.035 |
| 是否患慢性病（大于四周） | 0.094 | 0.093 | 0.086 | 0.091 | 0.095 | 0.099 |
| 功能指标：活动受限（针对55岁以上的人） | | | | | | |
| 严重受限 | 0.172 | 0.241 | 0.191 | 0.188 | 0.135 | 0.108 |
| 基本不受限 | 0.317 | 0.266 | 0.292 | 0.368 | 0.305 | 0.408 |
| 卫生服务指标 | | | | | | |
| 是否有医疗保障 | 0.912 | 0.906 | 0.910 | 0.928 | 0.976 | 0.91 |
| 是否接受过预防保健服务（过去一年） | 0.039 | 0.031 | 0.062 | 0.155 | 0.134 | 0.0931 |

**数据来源**：根据中国营养健康 2009 年调查数据计算所得。

**注**：严重受限指标值越小表明越健康，基本不受限指标值越大表明越健康。

从医疗指标情况来看，最低收入群体过去四周患病或受伤高于其他收入群体，但除最低收入群体外，患病或受伤分布并不随着收入分位的上升而下降，具体到疾病类别，慢性病患病情况随着收入分位上升而上升。这可能是由于高收入人群由于医疗保健条件良好，对自身健康状况信息掌握充分，而低收入群体中，主动进行体检和医疗保健的很少，除非大病，否则走进医院的可能性极小，因此存在低收入人群身患一些慢性病，但自己并无察觉。这可以从过去四周是否患有急性病看出，急性病患病随着收入分位增加而下降。而低收入人群过去四周因病不能工作天数也多于高收入分位。从功能性指标来看，可以发现对于 55 岁以上人群，其健康状况与收入联系更加紧密，因为健康是否受限直接与收入高低相关，高收入分位上健康状况不受限的明显多于收入低分位。可见，在中老年群体中，与收入相关的健康不平等情况更严重。

从医疗服务指标上看虽然医疗保障覆盖率已经大大提高，但是不同收入群体覆盖率差别很大，而且各个分位上的人群预防保健服务意识都很差，虽然高收入群体接受保健服务的依然多于低收入群体。由此看来医疗卫生改革，医疗支出增加，不应只关注事后的补偿，如果同样关注事前的预防工作，或许可以减少很多不必要的开支。

上表中通过不同收入分位上的健康均值差异，简单描绘了健康不平等状况。尽管很方便，但是这种分组的分析只是很片面地描述了健康状况在整个收入分布中的差异。完整的描述健康不平等应该使用集中曲线。集中曲线展示了从最贫穷到最富裕人群中，按个体累积比例的健康份额。(Kakwani, 1977; Kakwani 等, 1997; Wagstaff 等, 1991)。集中曲线不仅可以用来检验健康结果的不平等，也可以是其他任何与健康相关的变量。一些研究也使用健康集中曲线进行跨国或者跨时间的比较。例如，评估对卫生部门的公共补贴是否是瞄准穷人的，这种瞄准在一些国家的情况是否好于另一些国家(Sahn and Younger, 2000)。成年人健康不平等是否在一些国家更加受到重视(van Doorslaer, 1997)等等，使用范围非常广泛。因此有必要根据数据绘制出集中曲线。

## （二）健康不平等状况

### 1. 健康集中曲线

绘制集中曲线时，所选用的健康指标必须是一个连续型变量或者二分变量（Wagstaff and Van Doorslaer, 1994）。但是一般研究所用数据中，自评健康状况是序数变量，分为四个等级（差、一般、好、非常好）。为了在健康不平等分析中使用自评健康状况，处理方法有以下几种：一是简单地将序数变量处理成一个二值变量即健康或者不健康。通过选择一个切断点将这四个回答变成一个二分变量，缺点是由于自评健康变量并没有包括所有的健康变化，将其二分后再进行跨期（Wagstaff and Van Doorslaer，1994）或者跨人群比较（Van Doorslaer and Koolman，2000）结果就不可靠，而且结论受选取的划分健康/不健康的截断点影响很大。

第二种方法是将序数变量变为连续变量。假定自评健康背后的真实健康变量是一个潜在的、连续的并且无法观察到的，且服从标准正态分布。这样就可以根据标准正态分布，使用不同间隔的中点给自评的四个序数打分。用这种分级方法得到的健康指标计算健康不平等，与使用连续的真实指标例如 SF36（Gerdtham，1999）和 HUI（Humphries and vanDoorslaer，2000）计算的健康不平等就具有可比性了。但是也有一个非常明显的缺点，就是需要假定不同调查的潜在健康分布一致，并且健康潜变量并不是落在（0，1）区间内。

第三种方法是将自评健康序数变量作为因变量，估计一个有序 Probit 模型，对这个模型中的潜变量重新分级，计算权重（Cutler and Richardson，1997；Groot，2000）。本书使用的数据来源于同一个健康调查，因此没有可比性的问题存在。所以采用第二种划分方法将健康序数变量划分为连续变量。由于本调查中非常好、好、一般、差这四个回答依次为 1、2、3、4，因此标准化答案后，得分越高则说明健康状况越差。

如果健康变量在穷人中取较大的值，则集中曲线位于公平线之上，反之如果健康变量在穷人中取较小的值，则集中曲线位于公平线之下。曲线距离公平线越远，表明健康变量越集中在穷人中。

### 2. 健康集中指数

集中曲线可以用来识别一些健康变量是否存在社会经济不平等，但是无法给出不平等的具体度量值。而与集中曲线直接相关的集中指数（Kakwani，1977、1980），却可以把与社会经济相关的健康不平等数量化（Kakwani，Wagstaff and van Doorslaer，1997；Wagstaff and van Doorslaer and Paci，1989）。儿童死亡率（Wagstaff，2000）、儿童免疫力（Gwatkin 等，2003）、儿童营养不良（Wagstaff, van Doorslaer and Watanabe，2003）、成人健康

(van Doorslaer 等,1997)、卫生补贴(O'Donnell 等,2007)和卫生服务利用(van Doorslaer 等,2006)等这些与卫生部门相关的健康变量都可以用来度量和比较与社会经济相关的健康不平等。

集中指数被定义为集中曲线与平等线(45度线)之间面积的两倍。因此,如果没有与社会经济相关的不平等状况,集中指数就是零。一般而言,当集中曲线位于公平线之上时,集中值为负,表明健康变量集中在穷人中间。如果健康变量选择的是一个差的变量,例如不良健康,那么负集中指数意味着在穷人中间,不良健康要高些。

公式表示为:$C = 1 - 2\int_0^1 L_h(p)dp$

集中指数介于(-1,1)之间。对于一个离散的生活水平变量而言,可以写为 $C = \frac{2}{N\mu}\sum_{i=1}^n h_i r_i - 1 - \frac{1}{N}$,其中 $h_i$ 是所选择的健康相关的变量,$\mu$ 是该变量的均值,$r_i = \frac{i}{N}$ 是个体i在生活水平(收入水平)分布中的排名,其中i=1是最贫穷的,i=N为最富裕者。如果只是为了计算,一个更方便的方法就是根据健康变量和生活水平分布排名的协方差来定义集中指数(Kakwani, 1980),即 $C = \frac{2}{\mu}\text{cov}(h,r)$。

值得注意的是,集中指数只取决于健康变量和生活水平变量的排序之间的关系,而并不取决于生活水平变量自身的变化。所以收入不平等程度的变化并不一定影响衡量收入相关的健康不平等的集中指数。集中指数依赖于相关变量的特征。严格来讲,当健康(护理)变量可由一个非负的比例衡量的话,集中指数是衡量与社会经济状况相关的健康(护理)不平等的一个很合适的变量(Kakwani, 1980)。例如,如果我们要度量的是卫生支出的不平等,那么这个支出无论是以本币度量还是美元度量,集中指数都是一样的,同样无论卫生支出是按月计算还是乘以12按照年度数据计算,值都不变。相关变量的线性变化并不改变集中指数,但是如果变量增加的是一个常数,那么集中指数就会发生变化。

但是通常的情况是需要计算集中指数的健康变量并不能以比值度量。一个比率可以有真实的零值，允许说某个人的这个变量是另一个人的二倍，这对于卫生开支或者是身高来说都是有意义的，但是有些健康变量却无法这样衡量，例如自评健康状况。这样的话，就不能直接从分类数据中得出集中指数，尽管可以将序数数据转换成基数值并据此计算集中指数（van Doorslaer and Jones，2003；Wagstaff and van Doorslaer，1994），但是这个指数严格依赖于所选择的转换方法（Erreygers，2005）。所以集中指数的计算使用健康生活质量指标（QWB）作为衡量健康状况的变量。健康生活质量指标与人的自评健康状况相关，自评健康状况好的人健康生活质量得分也高，而健康状况差的人其健康生活质量指标得分也低。

集中指数仅是简单的 1 减去这些健康比例权重的和。以总体人口基础为目标会掩盖不同社会经济地位组别之间不平等状况（Gwatkin，2000）。事实上，有证据表明，一些国家虽然在降低儿童死亡率和营养不良率方面成果显著，但是在贫困人口中这些工作进展要缓慢得多（Stecklov 等，1999；Victora 等，2000；Vega 等，2001；Wagstaff 等，2001）。所以根据中国营养健康调查给出的微观数据，计算不同收入组对应的健康得分和集中指数更能反映出真实的情况。

由于农业劳动时间的无法准确统计性，农村居民中健康状况较好的人不仅从事非农业劳动，有非农劳动收入，还可兼业从事农业劳动，获得农业劳动收入，即使外出打工的农村居民，所从事的也都是与体力劳动相关的工作，健康状况直接影响其工作时间和劳动收入，因此农村居民中收入较高群体的健康指数较高不难理解。而也有研究证实了，在农村地区由于疾病和健康状况不佳的家庭贫困发生率更高，在面临疾病风险冲击面前，农村中低收入家庭面临更大的风险冲击，大病冲击的影响甚至要持续 15 年左右（高梦滔、姚洋，2005）。

### 3. 健康不平等分解

前面分析了不同收入组之间健康结果变量的差异，通过定义社会经济地位分组，可以解释社会经济相关的健康不平等，但是在整个社会经济地位度量变量的分布中,对健康不平等的度量和解释都是有选择性的,前面给出了使用集中指数作为度量社会经济相关的健康不平等度量方法,只是给出了一个具体的方向和数值,因此需要对健康指数进行回归分析以得出各个社会经济地位相关变量如何影响健康不平等。假定可以在研究的变量 y(健康状况)和与之相关的 k 个变量 $x_k$ 建立一个线性回归模型:

$$y_i = \alpha + \sum_k \beta_k x_{ki} + \varepsilon_i \tag{1}$$

假定样本中的每个人,无论其收入状况如何,都有相同的系数向量 $\beta_k$,那么,就可以假定健康状况变量 y 在个体间的差异来自于决定 y 的不同收入组之间的系统方差,例如 $x_k$,那么可以有以下结论(Waggstaff, 2003):给定公式(1)中 $y_i$ 和 $x_{ki}$ 之间的关系,健康状况变量 y 的集中指数 C 可以写为:

$$C = \sum_k \left(\frac{\beta_k \bar{x}_k}{\mu}\right) C_k + \frac{GC_\varepsilon}{\mu} \tag{2}$$

其中 $\mu$ 是 y 的均值,$\bar{x}_k$ 是 $x_k$ 的均值,$C_k$ 是 $x_k$ 的集中指数(定义类似于 C)。等式(2)右边的最后一项(可以计算为残差),GC 是对于个体 i 而言的总体集中指数,定义为:

$$GC_\varepsilon = \frac{2}{n} \sum_{i=1}^n \varepsilon_i R_i \tag{3}$$

类似于根据总体洛伦兹曲线得出的基尼系数(Shorrocks, 1983)。

等式(2)表明集中指数 C 由两部分组成,第一部分是解释部分,等于 k 个回归元的集中指数加权总和,其中权重或者 $x_k$ 的比例就是 y 相对于 $x_k$ 的弹性(在样本均值上计算)。第二部分就是残差,等式右边最后一项得到——反映了健康不平等无法由不同收入组中 $x_k$ 的系统方差解释的部分。

等式(2)中,用 M 表示个人特征解释变量,其他与社会经济地位相关的变量用 Z 表示,$\delta$ 和 $\beta$ 是这些变量的系数向量,则有:

$$C = \sum_{k=1}^{K_1} \frac{\delta_k \bar{m}_k}{\mu} C_k + \sum_{k=1}^{K_2} \frac{\beta_k \bar{z}_k}{\mu} C_k + \frac{GC_\varepsilon}{\mu} \tag{4}$$

右边等式的第一项是可以由个人特征变量解释的合理的不平等，第二项和第三项为不合理的不平等，无法由个人特征解释，总和为水平不平等指数。

第一个回归方程中，因变量使用健康生活质量指标（QWB），$x_k$ 分别选取以下变量：户口、性别、年龄、受教育年限、劳动参与、生活习惯（抽烟和饮酒任何一项或两项都选为1，都无则为0）、职业、是否有医疗保险（享有任何一种或一种以上的视为有，无任何医疗保险的视为无）、卫生状况（是否有自来水）、卫生服务利用情况（选取到达最近的医疗机构的单程花费时间）、自费治疗一次感冒费用。[①]

表5—3 所用变量

| 变量名称 | 变量定义 |
| --- | --- |
| 健康状况(QWB) | 健康生活质量指数 |
| 户口 | 0 = 农村;1 = 城镇 |
| 性别(gender) | 0 = 女;1 = 男 |
| 年龄(age) | 虚拟变量:age1 = 18—39 岁;age2 = 30—44 岁;age3 = 45—59 岁;age4 = 60 岁以上 |
| 自评健康状况(selfh) | 虚拟变量:selfh1 = 很好;selfh2 = 好;selfh3 = 一般;selfh4 = 差 |
| 生活习惯 | 0 = 抽烟、饮酒都无;1 = 至少有一项 |
| 受教育程度(eduy) | 连续变量 |
| 劳动参与(lfp) | 0 = 未参与;1 = 参与 |
| 职业(occu) | 0 = 农业;1 = 非农业 |
| 卫生状况(sani) | 0 = 无自来水;1 = 有自来水 |
| 卫生服务利用(avail) | 到达最近医疗机构时间(单程分钟) |
| 服务价格 | 自费治疗一次感冒费用(元) |

对健康方程的回归分析只考察健康和一些社会经济状况变量的关系，并不回答因果关系，对因果关系的考察放在下一章具体分析。这里只分析

---

① 由于健康集中指数就是根据不同收入分布构造的，因此回归方程中不能加入收入作为解释变量，否则得出的系数无法用于健康集中指数的分解。

影响健康不平等的因素。在健康状况变量回归方程基础上，根据前面公式（2）可以计算出每一个变量的集中指数，若变量是虚拟变量，且其集中系数小于零，则表示与对照组相比，其收入更低，集中系数为正的含义则相反。大于零表示与对照组相比收入更高，若非虚拟变量为正则表示亲富人。而后利用式（3）计算该变量对健康指数不平等的贡献率。结果见表5—4。

表5—4 健康不平等分解

|  | 2000年 | | | 2006年 | | |
| --- | --- | --- | --- | --- | --- | --- |
|  | 贡献率 | 系数 | 集中指数 | 贡献度 | 系数 | 集中指数 |
| 健康状况（QWB） |  | 0.0163 |  |  | 0.0217 |  |
| 户口 | 0.0917 (8.47) | 0.087 | -0.344 | 0.093 (7.03) | -0.904 | -0.298 |
| 性别（男性） | 0.03737 (7.84) | 0.05 | -0.012 | 0.04414 (6.35) | 0.043 | -0.036 |
| 年龄2 | -0.0055 (-0.64) | 0.2403 | -0.0108 | -0.0108 (-0.88) | 0.0617 | -0.0161 |
| 年龄3 | -0.0381 (-4.24) | 0.1122 | 0.0221 | -0.0474 (-3.78) | 0.1152 | 0.0138 |
| 年龄4 | -0.2801 (-28.7) | -0.0004 | 0.0274 | -0.257 (-18.67) | -0.0918 | 0.065 |
| 受教育程度 | 0.0577 (5.07) | 0.4261 | -0.208 | 0.0912 (2.02) | 0.3994 | -0.102 |
| 生活习惯 | 0.0004 (0.65) | -0.123 | 0.08 | 0.002 (1.25) | -0.0002 | 0.0079 |
| 劳动参与 | 0.03055 (4.44) | 0.0621 | -0.054 | 0.01734 (1.96) | 0.0506 | -0.036 |
| 职业 | -0.0236 (-3.63) | 0.0094 | -0.0079 | -0.0487 (-3.46) | 0.02319 | -0.002 |
| 卫生用水 | -0.0006 (-0.12) | 0.0446 | -0.0008 | 0.01944 (1.2) | 0.02965 | -0.0004 |
| 卫生服务利用 | 0.00005 (0.39) | 0.026 | -0.006 | -0.0002 (-0.98) | 0.1014 | -0.044 |
| 服务费用 | 0.00002 | 0.2104 | 0.022 | 0.00001 | 0.1047 | 0.04 |

系数表示的是各变量对健康指数的边际效应。从回归系数来看，户口对健康状况有显著影响。分年龄组的结果可以看出随着年龄增大，健康人力资本不断折旧。人力资本的另一个组成教育是与收入高度相关的一个变量，可以看出随着受教育水平提高，健康水平也提高。参与劳动的人比不参与的人更健康，而非农就业的人健康状况要比农业从业者差。而饮用自来水和距离最近医疗机构距离对健康状况的影响并不显著。生活习惯对人的健康状况也并无显著影响。

集中指数表示的是不同收入人群中该变量的分布情况，健康的集中指数值为正，证实了健康不平等的存在性，较高的收入对应的是较好的健康状况。集中指数为负表明该变量集中在低收入群体中，这表明低收入群体是年龄较大、生活习惯不健康的人群等。相应地，集中指数为正表明参与劳动、教育程度高、家中有自来水、距离医院较近、服务价格高的非农就业者在高收入中较多。由于无法得到个人的可支配收入，使用家庭人均收入可能会使集中指数出现误差。

而贡献率则是在变量均值、集中指数和回归系数的基础上使用公式（3）计算的该变量对健康不平等的影响。负的贡献率代表该贡献将会降低与收入相关的健康不平等，正的贡献率表示该贡献会增加与收入相关的健康不平等。由于受教育程度和劳动参与状况都与收入高度相关，因此受教育程度差别和就业是对健康状况不平等的重要贡献因素，户口对健康不平等的影响也非常大，在2006年户口对健康不平等的影响小于2000年。这或许与新农村合作医疗在农村的试点和扩大有关。

卫生服务利用有助于降低健康集中指数。卫生服务费用对健康不平等有正的影响，说明居民对于医疗服务价格敏感，价格上升，一些居民患小病可能就选择不治疗。自来水已经在城市基本普及，但是在农村很多地方，干净的饮用水还是不可及的事情，卫生用水健康集中指数有降低作用，从2006年卫生用水对健康不平等贡献率小于2000年，说明近几年来自来水推广工程起到了缩小健康不平等的作用。

### 4. 健康不平等变动分解

上节中的分析可以发现健康集中指数从 2000 年的 0.0163 上升到 2006 年的 0.0217，什么因素影响了与收入相关的这种健康不平等变化，是解释变量的变动，还是系数的变动，还是解释变量本身的不平等程度变动？要清楚这几个变化之间的关系，需要分解健康不平等。有两种方法可以解释与收入相关的健康不平等随时间的变化（Wagstaff、van Doorslaer and Watannabe，2003）。第一个方法就是使用 Oaxaca（1973）分解方法。这个方法同样可以检验不同横截面单位之间的不平等差别。在等式（2）的基础上应用 Oaxaca（1973）分解方法：

$$\Delta C = \sum_k \eta_{kt}(C_{kt} - C_{kt-1}) + \sum_k C_{kt-1}(\eta_{kt} - \eta_{kt-1}) + \Delta\left(\frac{GC_{\varepsilon t}}{\mu_t}\right) \quad (5)$$

其中 t 表示时期，在本章中我们选取 2000 年和 2006 年的样本做比较，因为医疗改革试点工作开始于 2003 年，到 2006 年农村合作医疗已经覆盖全国大多数地区，因此选取这两年的数据为政策实施前后的数据。$\Delta$ 为一阶差分。Oaxaca 分解方法并不是唯一的，它的结果取决于权重的选择。但这个方法可以将与收入相关的健康不平等变化分解为两部分的变化：决定健康因素的不平等的变化和健康相对于这些决定因素弹性的变化。但是无法给出弹性变化导致的变化。因此，Wagstaff、van Doorslaer and Watanabe（2003）建立了针对公式（2）的一个全差分公式，即第二种分解方法：全差分方法。包括回归参数变化、均值变化和回归元的集中指数变化，具体可以表示为：

$$dC = -\frac{C}{\mu}d\alpha + \sum_k \frac{\bar{x}_k}{\mu}(C_k - C)d\beta_k + \sum_k \frac{\beta_k}{\mu}(C_k - C)d\bar{x}_k + \sum_k \frac{\beta_k \bar{x}_k}{\mu}dC_k + d\frac{GC_\varepsilon}{\mu} \quad (6)$$

独立变化的影响——$\beta_k$（或者 $\bar{x}_k$）变化对 C 的直接影响和通过影响 $\mu$ 的间接影响。$\bar{x}_k$ 不平等程度的上升（$C_k$ 增加）会增加 y 不平等程度。效应

分别是 $\beta_k$ 和 $\bar{x}_k$ 的增函数和 $\mu$ 的减函数。

在上面回归方程的基础上，分解 2000—2006 年健康不平等的上升可以发现：户口、人口老龄化、教育程度差异、劳动参与率提高和医疗价格上涨对健康不平等的上升有正的贡献，而劳动年龄人口的增加、卫生饮用水的普及和卫生服务利用可及性提高对健康不平等的上升有抑制作用。

表 5—5 2000—2006 年集中指数变化分解

| | 集中指数变化分解 | | | | |
|---|---|---|---|---|---|
| | 全差分方法分解 | | | | |
| | 系数变化 | 均值变化 | 集中指数变化 | 总体 | 比例 |
| 户口 | -0.0035 | 0.0043 | 0.0008 | -0.0019 | 42 |
| 性别 | 0.00001 | 0.0000 | 0.00001 | 0.00002 | -5 |
| 年龄 2 | 0.0007 | 0.0002 | -0.0003 | 0.0006 | -12 |
| 年龄 3 | -0.0004 | -0.0001 | 0.0018 | 0.0013 | -29 |
| 年龄 4 | -0.0056 | 0.0004 | 0.0045 | -0.0007 | 14 |
| 受教育程度 | -0.0014 | 0.001 | 0.0015 | -0.0011 | 21 |
| 生活习惯 | 0.000 | 0.000 | 0.000 | 0.000 | 0 |
| 劳动参与 | -0.0009 | 0.0001 | 0.0003 | -0.0005 | 10 |
| 职业 | -0.0003 | -0.0001 | 0.0008 | 0.0004 | -8 |
| 卫生用水 | -0.0004 | 0.0014 | -0.0003 | 0.0007 | -17 |
| 卫生服务利用 | 0.003 | -0.0035 | 0.002 | 0.0015 | -38 |
| 服务费用 | -0.007 | 0.003 | 0.005 | -0.0012 | 26 |

## 六、健康对经济不平等的影响的实证分析

本章虽然也是分析健康状况对劳动市场表现的影响,但是这个影响只是中介,目的是分析健康对人们之间经济地位的影响。个人健康投资与经济地位相关,个人健康投资的差异需要公共健康投资弥补,而公共卫生基础设施和健康干预方面的公共投资不仅有助于缩小健康差异,可能能带来更高的生产率。

### (一) 健康对就业的影响

#### 1. 健康状况对劳动参与率的影响

随着我国工业化、城镇化和人口老龄化进程加快,我国居民医疗卫生服务需要量明显增加,尤其是慢性疾病患病率持续上升,疾病负担日益加重。疾病负担分为直接负担和间接负担两种。直接负担指疾病发生时住院、门诊、护理、家庭保健等医疗费用,间接负担指由于疾病造成劳动供给减少和收入损失。当前大多数研究都将重点投向了健康不佳和疾病负担的直接成本;认为由于直接成本过高,增长过快,给人民群众带来了沉重的负担,影响了社会的稳定;政策制定也着力于解决健康不佳的直接成本,忽视了其间接成本。这样的后果是资源分配会偏向于疾病发生后的治愈,而忽视疾病发生前的预防保健措施。

理解健康和劳动市场表现之间的关系非常重要。因为只有清楚了健康是如何与劳动力市场行为相关的,才能更好地制定和评估关于疾病的预防

和治愈方面的相关政策（Currie and Madrian, 1999）。

"教育投资是一个发展的过程，它搜索并增加国家的人才，逐步地通过现有知识的积累改变整个国家的文化环境；而健康投资既增加劳动的人力供给也提高劳动力质量，健康投资可以抵御死亡和残疾这些不良影响"（Mushkin, 1962）。健康被认为是个人劳动供给决策的一个重要决定因素，这不仅仅是因为健康是雇主和雇员同时用来衡量人力资本状况的一个标准（Grossman, 1972），也因为个人在工作和闲暇之间的偏好会随着自己健康存量的变化而变化。例如，健康状况的恶化可能会使一个拼命工作的人意识到闲暇的重要性。因为个人的预期寿命是由健康状况决定的，所以每个人都会根据自己的健康状况来调整劳动供给决策，以更好地分配时间（Chiricos, 1993）。

为了探求自评健康与劳动力状况之间的关系以及检验健康变量的内生性，需要估计两个联立方程：一个是健康状况的方程，另一个是劳动参与的方程。方法是选择一个代表个人健康存量的变量，这个变量不是第一阶段方程中的主观的和内生的自评健康变量，将这个变量作为健康的代理变量加入第二阶段的劳动参与方程中（Stern, 1989; Bound 等, 1999; Campolieti, 2002; Cai and Kalb, 2006; Disneyet 等, 2006; Gameren, 2008）。

第一个方程描述健康的决定：

$$H^{**} = \gamma_H P^* + x_{i1}\beta_H + \varepsilon_{iH}$$
$$x_{i1} = x_i + z_{iH}$$
(1)

其中 $H^{**}$ 和 $P^*$ 是无法观测到的变量，$H^{**}$ 是真实健康状况的潜变量，它受劳动参与率 $P^*$ 的影响，$P^*$ 加入健康等式中是因为两者之间存在的内生性。另外，$x_{i1} = x_i + z_{iH}$，其中 $x_i$ 表示一些影响个人健康状况的特征，例如年龄、性别、受教育水平、婚姻状况、户口所在地、家庭财产等。$z_{iH}$ 是个人健康特征，例如是否患有一些慢性病等。这些健康特征变量影响健康状况，但对劳动参与的影响很小或者没有。这样 $P^*$ 与 $H^{**}$ 就不存在内生性问题了，因为 $H^{**}$ 是真实健康状况，而不是自评健康状况。因此 $\gamma_H$ 就是劳动参与率对真实健康状况的影响，$\beta_H$ 则表示其他外生变量的影响，$\varepsilon_{iH}$

表示服从独立同分布（Independent Indentity distribution，iid）的误差项。

第二个方程是关于劳动参与的决定方程：

$$P^* = \gamma_P H^{**} + x_{i2}\beta_P + \varepsilon_{iP} \tag{2}$$

其中 $x_{i2} = x_i + z_{iP}$，$x_i$ 包含的是与健康方程中相同的那些个人特征变量。$z_{iP}$ 是一些影响劳动参与状况但是不影响健康状况的个人或家庭特征，例如，是否需要照顾0—6岁孩子，配偶的年收入，个人的职业状况等。$\gamma_P$ 度量健康状况对劳动参与决策的影响，我们假定为正，其他两项同方程（1）含义相同。

定义了健康和劳动参与的方程后，令 $H_i^*$ 是连续的潜在健康变量，它与可观察到的自评健康状况相关，并且假定 $H_i = k(k=0,1,2)$，其中 k 取值的 0，1，2 分别对应自评健康状况的差/一般和好/非常好。

$$H_i = \begin{cases} 2(\text{很好}/\text{非常好}) & m_1 < H_i^* \leq +\infty \\ 1(\text{好}/\text{一般}) & m_0 < H_i^* \leq m_1 \\ 0(\text{差}) & -\infty < H_i^* \leq m_0 \end{cases} \tag{3}$$

因为真实的健康状况 $H_i^{**}$ 是不可观测的，而可观测的健康状况 $H_i$ 又是自评的主观变量，所以引入和真实健康状况相关的观测的自评健康状况的方程：

$$H_i^* = H_i^{**} + \delta_H P_i^* + \xi_{iH}，也可以写为：$$

$$H_i^{**} = H_i^* - \delta_H P_i^* - \xi_{iH} \tag{4}$$

$\delta_H$ 前的符号若为正，表明在劳动力市场中的个人为了参与劳动而夸大他的健康状况，不想参与劳动的人则低估其健康状况。$\xi_{iH}$ 是服从独立同分布的扰动项。

可观察到的劳动参与变量 $P_i$ 是一个二值变量：

$$P_i = \begin{cases} 1(\text{在劳动力市场}) & \text{如果 } P_i^* > 0 \\ 0(\text{不在劳动力市场}) & \text{如果 } P_i^* \leq 0 \end{cases} \tag{5}$$

由方程（1）和（4）可以得到：

$$H_i^* = \theta_H P_i^* + \beta_H x_{i1} + \sigma_{iH} \tag{6}$$

其中 $\theta_H = (\gamma_H + \delta_H)$，$\sigma_{iH} = \xi_{iH} + \varepsilon_{iH}$，$\theta_H$ 是可以识别的，但是 $\gamma_H$ 和 $\delta_H$ 并不能单独估计出来，即无法区分真实内生性①与理由内生性②，只能估计总的内生性。

将方程（4）中的 $H^{**}$ 带入方程（2）可以得到：

$$P^* = \theta_P H_i^* + \eta_P x_{i2} + \sigma_{ip} \tag{7}$$

其中 $\theta_P = \dfrac{\gamma_P}{1} + \delta_H \gamma_P$，$\theta_P = \dfrac{\gamma_P}{1} + \delta_H \gamma_P$，$\eta_P = \dfrac{\beta_P}{1} + \delta_H \gamma_P$。即使假定 $\varepsilon_{iP}$ 和 $\varepsilon_{iH}$ 相互独立，$\sigma_{ip}$ 和 $\sigma_{iH}$ 也通过 $\xi_{iH}$ 而相关。但是，由于可能存在一些无法观察到的因素既影响健康状况又影响劳动参与，所以 $\varepsilon_{iP}$ 和 $\varepsilon_{iH}$ 相关的概率很高。

可以使用有序 Probit 模型和 Probit 模型来估计方程（6）和方程（7）。这样的话，$\gamma_H$、$\beta_H$、$\delta_H$ 和 $m_k$ 只能被并入一个因素中识别（相当于 $\sigma_{iH}$ 标准差的逆）（Maddala, 1983），同理，$\gamma_P$ 和 $\eta_P$ 也只能被并入一个因素中识别（相当于 $\sigma_{ip}$ 标准差的逆）。估计这些方程有两种方法：全信息估计法（FIML）（Greene, 2007）和两步法（Stern, 1989）。使用两步法估计，需要注意的是可观察到的自评健康状况 $H_i$ 需要估计三个截断点，并且假定 $\varepsilon_{iH}$ 和 $\varepsilon_{iP}$ 服从一个相关系数为 $\rho_{HP}$ 的标准二元正态分布。

使用"中国健康和营养调查"（CHNS）2009年的数据来验证健康对劳动参与的影响。该调查是由美国北卡罗来纳大学和中国疾病预防控制中心联合开展的调查。该调查包括辽宁、黑龙江、山东、江苏、河南、湖北、湖南、广西、贵州九个省份，采用多阶段分层整群随机抽样方法取得数据。该数据涵盖了被调查者的人口统计特征、健康、医疗保健、保险、就业和收入等多方面的信息。由于这部分分析的是健康对就业的影响，因此样本选择的是成年人的样本，即年龄在18岁以上的人口信息。

---

① 由劳动参与直接影响健康状况产生的内生性。
② 由借健康状况来为自己的劳动参与行为做借口产生的内生性。

表6—1 不同健康状况水平的劳动参与状态

| 劳动力状态 | 健康状况 | | | | | | | |
|---|---|---|---|---|---|---|---|---|
| | 差 | | 一般 | | 好/很好 | | 全部 | |
| | 男性 | 女性 | 男性 | 女性 | 男性 | 女性 | 男性 | 女性 |
| 不参与劳动（%） | 58.2 | 64.7 | 39.1 | 50.8 | 24.7 | 34.5 | 32.4 | 46.5 |
| 参与劳动（%） | 41.8 | 35.3 | 60.9 | 49.2 | 75.3 | 65.5 | 67.6 | 53.5 |
| 观察值 | 160 | 188 | 1261 | 1099 | 2773 | 2246 | 4194 | 3533 |

从表6—1可以看出，健康状况是影响劳动参与率的重要因素，健康状况好的人参与劳动的比例远远高于健康状况差的人，虽然在每一个健康等级上，女性参与劳动的比例都低于男性，但是健康状况与劳动参与状态的趋势是一致的。统计性的分析只能看出两者的线性关系，健康是否是影响劳动参与的因素，还需要进行严格的计量分析以清楚其中的因果关系。

文中所使用的所有变量的定义见表6—2：其中只出现在健康方程中的患病变量，必须是由医生诊断过患有此病，这就排除了由于个人受教育程度不同等识别问题带来的差异，但是也存在偏误，因为可能由于一些人患有此病，并未接受过任何检查，自己对此毫不知情。家庭资产使用住户调查中的房屋价值、家用电器及其他商品价值总和。配偶年收入采用配偶第一职业和第二职业的年工资和奖金补贴收入总和。

## 六、健康对经济不平等的影响的实证分析

**表6—2  文中所用变量及其定义**

| 变量名称定义 | |
|---|---|
| **内生变量** | |
| 劳动参与:虚拟 | 1=参与;0=不参与 |
| 当前健康状况:有序自评健康状况(差=0;一般=1;好/很好=2) | |
| **同时出现在两个方程中的解释变量** | |
| 性别:虚拟 | 1=男性;0=女性 |
| 年龄 | |
| 年龄平方 | |
| 婚姻状况:虚拟 | 1=已婚;0=未婚(未婚/离异/丧偶) |
| 受教育程度:虚拟 | |
| 户口 | 1=城市;0=农村 |
| **家庭资产** | |
| **只出现在健康方程中的解释变量** | |
| 是否患有高血压:虚拟 | 1=是;0=否 |
| 是否患有呼吸系统疾病 | 1=是;0=否 |
| 是否患有关节类疾病 | 1=是;0=否 |
| 是否患有糖尿病 | 1=是;0=否 |
| 是否抽烟 | 1=是;0=否 |
| 是否饮酒(一周三次以上) | 1=是;0=否 |
| **只出现在劳动参与方程中的解释变量** | |
| 是否是技术或管理人员 | 1=是;0=否 |
| 是否需要照顾0—6岁孩子 | 1=是;0=否 |
| 配偶年收入 | |

因为要估计的是两个联立方程,所以涉及两个被解释变量:一个是健康状况,另一个是劳动参与状况。在劳动参与方程中,将健康作为外生变量的后果是:高估健康对劳动参与的影响。因为一些老年人和不参与劳动的人倾向于夸大自己的健康问题,因此健康与劳动参与之间的关系看似更强。工具变量方法会矫正这种理由性偏差并降低估计的健康的影响。劳动参与对健康的直接影响有正负两方面。如果工作使人更加快乐的话,将会高估工作和健康之间的关系,因为还存在负的关系。如果工作环境不利于人的健康的话,存在负的直接因果效应。但是若在参与方程中使用健康作

为解释变量的话，会低估真实的影响效应，因为这样同时包含了两个方向的影响。所以使用工具变量会矫正这些估计偏差问题（田艳芳，2010）。

为了避免联立模型中的识别问题，虽然两个方程中的大部分解释变量相同，但是仍然有一些不同的（Maddala，1983）。相同的解释变量包括：性别、年龄、受教育程度、婚姻状况、户口所在地。同时出现在两个方程中的这些变量并不是随机加入的，而是有理论依据。例如年龄，因为健康和劳动参与的概率都受到个人年龄的影响，随着年龄增长，健康状况变差是自然过程，行动能力逐渐受限必然会导致退出劳动力市场。教育对健康状况有正的影响，因为受教育程度高的人能更多地掌握健康方面的信息，并且有理性地选择更健康的生活方式（Ross and Wu，1995），同样，教育影响人的劳动参与决策，因为受教育程度高的人有更多的工作机会（Kennedy and Hedley，2003）。方程中加入户口作解释变量，是因为在中国，户口并不单是身份证明，它更多的是与人的福利相连。城市的居住环境、卫生状况、医疗条件都远优于农村，城镇地区的工作机会也远远多于农村地区。

本书使用两步法估计，沿用 Gameren（2008）的三个备择假设，$H_0$：$(\theta_H = 0, \rho_{HP} = 0)$，第一个检验是考虑主观信息和劳动参与变量，检验健康变量是否显著。第二个检验是在劳动参与决策中健康的外生性检验，这个是使用 Hausman 检验（Smith and Blundell，1986）。这个检验中，健康方程中的估计误差项 $\varepsilon_{iH} = H_i^* - \hat{H}_i$ 作为解释变量进入参与方程中，检验其显著性。若其显著，则表明模型存在误设问题，这可能是由于健康状况的内生性造成的。所以可以使用可观察的变量 $H_i$ 代替无法观察的健康状况的潜变量 $H_i^*$。第三个检验是考虑所有的主观和客观信息后，检验可观察的健康变量是否显著。

由表6—3可以看出所有的备择检验都在1%的显著水平下拒绝外生性的零假设，Hausman 检验表明可能存在模型识别问题（Garemen，2008）。

表6—3 健康状况变量的外生性检验

| 健康状况 | 男性 | 女性 | 全体 |
| --- | --- | --- | --- |
| 主观信息 | 0.316*** | 0.262*** | 0.331*** |
| Hausman 检验 | -0.317*** | -0.23*** | -0.207*** |
| 主观和客观信息 | 0.31*** | 0.242*** | 0.274*** |

**注**：***、**、*分别是在1%、5%和10%的水平下显著。

表6—4给出了估计结果，健康状况显著影响劳动参与概率，无论男性还是女性影响方向一致。在其他因素相同的情况下，较好的健康状况增加人们参与可能性。劳动参与对健康也有正的显著影响。这个正影响表明对于自评健康，无论男女，都存在一个理由化的内生性，健康状况不佳会导致人们退出劳动力市场。这种正向的关系也可能只是人们的自我选择，选择留在劳动力市场上的人，他们的健康状况也较好，工作即使不能有助于健康状况但也不至于损害健康，这证实了之前一些认为工作无损于健康的研究(Ettner,1997;Cai and Kalb,2006)。

无论是在健康方面还是在劳动参与方面，都存在显著的性别差异。同样，在健康方程和劳动参与方程以及联合样本中，年龄的影响都是负的，但是年龄平方项的符号为正，表明了随着年龄的增长，健康水平和劳动参与概率都会显著降低，同时也证实了年龄对健康和劳动参与的非线性影响效应。已婚的人健康状况好于未婚，且劳动参与率也高。教育水平对劳动参与和健康水平的影响都为正。与小学组相比，其他几个较高等级的教育水平、劳动参与和健康水平都较高。

户口所在地对健康状况并无显著影响，但是城镇人口劳动参与率显著低于农村。中国农村户口的男性和女性的劳动力参与率要比发达国家高很多；在60岁之前，城市户口的男性的劳动力参与率要比发达国家低，这一差距在60岁之后缩小了。这主要是我国退休年龄的影响。退休年龄后，城市户口的男性和女性的劳动参与率的下降幅度要比相应的农村人口的下降幅度大很多，这显然是由于我国的退休制度目前只适用于城市户口的人群造成的（田艳芳，2010）。

家庭富裕有利于人们的健康保健，而会减弱他们参与劳动的概率。慢性病是健康状况不佳的原因。技术或管理人员的劳动参与高于其他人员，即使退休后技术人员或管理人员被返聘的机会也非常高，因此这部分人群的劳动参与较高。家庭中有0—6岁的孩子需要照顾降低劳动参与，配偶收入也会影响到劳动参与，这个影响方向应该与家庭财产一致。文中没有具体给出分性别的情况，女性配偶的收入对其劳动参与的影响应该高于男性。

表6—4 估计结果

|  | 第一阶段 | | 第二阶段 | |
| --- | --- | --- | --- | --- |
|  | 劳动参与（Probit） | 自评健康状况（ordered Probit） | 劳动参与（Probit） | 自评健康状况（ordered Probit） |
| 健康(lin. pred) |  |  |  | 0.274*** |
| 劳动参与(lin. pred) |  |  | 0.009** |  |
| 年龄 | -0.0034** | -0.055*** | -0.048*** | -0.036*** |
| 年龄平方(*100) | 0.031*** | 0.014*** | 0.001*** | 0.002*** |
| 性别 | -0.046** | 1.065*** | -0.004*** | 1.042*** |
| 婚姻状况 | 0.133*** | 0.224*** | 0.112*** | 0.247*** |
| 教育(中学) | 0.106*** | 0.073 | 0.288*** | 0.117*** |
| 教育(高中或职业学校) | 0.221*** | 0.110*** | 0.304*** | 0.156*** |
| 教育(大学以上) | 0.418*** | 0.034 | 0.551 | 0.033* |
| 户口 | 0.102 | -0.164 | 0.133 | -0.061* |
| 家庭资产 | 0.157 | -0.042* | 0.144* | -0.086*** |
| 高血压 | -0.431*** | -0.115* | -0.309*** |  |
| 呼吸系统疾病 | -0.455*** | 0.047 | -0.462*** |  |
| 关节病 | -0.272*** | 0.104 | -0.353*** |  |
| 糖尿病 | -0.333*** | 0.009 | -0.374*** |  |

(续表)

| | 第一阶段 | | 第二阶段 | |
|---|---|---|---|---|
| | 劳动参与（Probit） | 自评健康状况（ordered Probit） | 劳动参与（Probit） | 自评健康状况（ordered Probit） |
| 是否是技术或管理人员 | 0.02 | 0.221* | | 0.07* |
| 是否需要照顾0—6岁孩子 | −0.001 | −0.477*** | | −0.255*** |
| 配偶年收入 | 0.007 | −0.181 | | −0.184** |
| 常数项 | | 4.342*** | | 4.466*** |
| Cut-off point1(m0) | −0.214*** | | −0.237*** | |
| Cut-off point m1 | 2.209*** | | 2.218*** | |
| Number of obs | 7727 | 7669 | | |
| Log likelihood | −2425.7 | −1256.2 | −2436.4 | −1301.2 |
| Wald $\chi^2$ (18) | 1378.1*** | 1469.3*** | | |
| McFadden $R^2$ | 0.131 | 0.225 | | |
| Wald $\chi^2$ (15) | | | 1521.0*** | |
| Wald $\chi^2$ (14) | | | | 733.0*** |
| McFadden $R^2$ | | | 0.132 | 0.237 |

**注**：括号中报告的是系数和标准差，***、**、*分别是在1%、5%和10%的水平下显著。

上面表格只可以看出各个系数对劳动参与的影响方向，并不能给出具体影响大小。表6—5给出了随着健康状况变化，参与率如何变化，估计的劳动参与率这一列是根据样本估计的平均条件概率，表中最后两列是由健康状况变化导致的劳动参与概率变化。第三列中的数据显示的是健康状况从差到一般/好的变化使劳动参与率增加的百分比。最后一列显示的是健康状况从差到很好/非常好的变化使劳动参与概率增加的百分比。与健康状况一般/好的人相比，健康状况差的人劳动参与率要低近38%，而健康状况一般的比健康状况好的劳动参与率低21%。

表6—5 劳动参与条件概率估计值

| 健康水平 | 估计的劳动参与率 | 与更好一级健康水平相比劳动参与率的变化比率 | 与很好/非常好的健康水平相比劳动参与率的变化比率 |
|---|---|---|---|
| 差 | 0.277 | −37.683 | −50.004 |
| 一般/好 | 0.498 | −20.644 | −21.374 |
| 很好/非常好 | 0.712 | — | — |

由于健康状况的内生性问题，上文使用二阶段估计方法。由于自评健康状况存在估计偏差问题，因此在健康方程中加入了其他的健康信息，在劳动参与方程中加入了职业变量。由于联合检验拒绝了外生性的零假设，表明健康是内生于劳动参与行为的。估计结果显示健康状况对劳动参与情况有显著的正向影响，这与其他学者的研究结论一致（Stern，1989；Bound，1991；Campolieti，2002；Cai and Kalb，2006；Gameren，2008）。

随着劳动年龄人口在人口结构中所占比例不断下降，抚养比例不断上升，劳动供给不断减少，这些问题会逐渐成为经济健康持续发展的阻力，因此，解决人口老龄化和劳动力短缺需要新政策和措施。目前，欧洲社会的普遍做法是增加老年人口的劳动参与，延长退休年龄。这种方法现实性很强，对减轻养老金负担、增加劳动力供给、提高生产力水平有直接影响。对于中国而言，在社会保障资源不足状况下，改善健康状况是提高人们自我保障能力的一项重要政策措施。

### 2. 健康状况对工作时间的影响

大部分健康状况不佳或者慢性病患者，并没有因为健康原因而退出劳动力市场，只是选择工作较少时间，之前的一些研究也证实了由于我国医疗保障体系的不完善，只要健康状况不是特别差，人们一般不会选择退出劳动力市场（任兆璋、范闽，2006）。所以，有必要分析健康状况对个人具体工作时间的影响。

自评健康状况是对个人自身健康状况的综合评价，尽管存在较大的主观性，但它的优点在于这一信息对涉及有关个人选择的研究是最相关的，

## 六、健康对经济不平等的影响的实证分析

如劳动力参与和退休。然而,也有一些对自评健康状况的批评,主要集中在其可能存在的偏差(Bartel 和 Taubman,1979)。由于自评健康状况的主观性和内生性,需要采用一个更为客观的健康指标作比较,因此本书的第二个指标采用健康质量指标(quality of well-being scale,QWB)(Kaplan 和 Anderson,1988),健康质量指标是个人健康状况的客观指标,同时也反映了个人对自己健康状况的主观评价。健康质量指标是在多学科的专业知识基础上构建的,其值介于 0 和 1 之间,其中 0 表示死亡,1 表示最健康。

中国营养健康 2009 年的数据中包含了构建健康生活质量指标(QWB)四个部分的相关对应变量。根据调查数据中所对应的问题,计算每一个个体的健康生活质量指标。计算方法就是根据每个人对相关问题的回答,选择相应的权重计算。本书中的健康生活质量指标(QWB)为:

表6—6 中国营养健康数据中相关变量

| 编号 | 内容 | CHNS中对应的变量 |
|---|---|---|
| | 行动能力度量(MOB) | |
| 2 | 由于健康原因住院 | M28(过去四周是看过门诊还是住院治疗) |
| 4 | 因健康原因无法驾驶或乘坐公共交通工具,或者是需要帮助才可以乘坐公共交通工具 | M25(回答疾病非常严重的,视为无法独自驾驶或者乘坐公共交通工具) |
| | 体力活动度量(PAC) | |
| 3 | 可以自己乘坐轮椅行动;无法上楼梯、弯腰、下蹲、爬坡和举重,或者是做这些事情有困难;走路需要使用拐杖或其他物品帮助;在行走方面有其他任何限制,或者仅仅是无法像同龄人一样走得快 | U145a、U147、U149、U151a、U153a、U155a(这些选项都不参加的视为受限,至少参加一项的为不受限) |
| 1 | 需要他人推轮椅,或者由于健康原因长时间躺卧 | U324(每天躺在床上的时间长于15个小时,包括睡觉) |
| | 社会活动度量(SAC) | |
| 1 | 是否因健康受限 | M26a(由于这种病有多少天不能进行正常活动?回答时间在一周以上的视为社会活动受限) |

（续表）

| 编号 | 内容 | CHNS 中对应的变量 |
|---|---|---|
| 4 | 从事一些娱乐活动时因健康而受限 | U339、U342、U508、U345、U410、U413、U416、U351、U351a（这些选项都不参加的视为受限，至少参加一项的视为不受限） |
| | 症状/问题综合征状（CPX） | |
| 11 | 发烧，咳嗽，呼吸困难，风寒或者全身疼痛 | M24b_1 |
| 9 | 恶心或者胃部不适、呕吐，发烧或者不发烧但是感到冷、全身疼 | M24b_2a |
| 13 | 头疼、头晕、耳鸣，或者感到焦急不安 | M24b_3 |
| 7 | 胸部、胃、颈部、背部、臀部或任何关节、手、脚、胳膊、腿的疼痛，僵硬，无力，麻木 | M24b_4 |
| 14 | 身上有皮疹、皮炎 | M24b_5 |
| 16 | 眼睛不适或者经矫正后视力仍然有问题 | M24b_6 |
| 23 | 标准的综合征 | M24b_9 |

第三个指标是选取由医生诊断的高血压、糖尿病、呼吸系统疾病、消化系统疾病作为健康状况的指标。

由于每周平均工作小时数属于限制性因变量，每个人一周的总时间为168个小时，而每周工作时间是位于0—168小时的，总样本中有不可忽略的一部分取值为零。对于没有报告工作时间的被调查者，若其报告在过去的一个月内从事的有偿劳动时间少于1个小时，则对其劳动时间赋值为0。针对这种限值变量，采用一个 Tobit 模型来估计。个人工作时间模型可以表示如下：

$$y_i^* = \alpha y_i + \beta h_i' + x_i'\gamma + \mu_i$$

$$y_i = \begin{cases} y_i^* & \text{如果 } y_i^* > 0 \\ 0 & \text{如果 } y_i^* = 0 \end{cases}$$

其中 $y_i^*$ 和 $y_i$ 分别是潜在和实际观察到的工作时间，本书中用周工作小时数表示。$h_i'$ 是个人健康状况，$x_i'$ 是影响工作时间的其他控制变量，$\mu_i$ 是服从正态分布的误差项。

## 六、健康对经济不平等的影响的实证分析

由于健康状况在不同年龄段中差别很大,因此将年龄变量分为18—35岁、36—45岁、46—55岁和50岁以上四个年龄段的虚拟变量分析,中国营养健康调查是由调查员负责每题解释给被调查者,因此被调查者无法理解题意或者误解题意的情况也较少。关于健康状况的指标,除了自评健康状况外,本书还选用健康生活质量指标(QWB),健康生活质量指标结合了主观与客观各方面的信息,是一个较好的健康水平的客观代理变量;一些具体的慢性病,例如高血压、呼吸系统疾病、胃病等,样本中这些并不是自我报告,而是由医生诊断是否患有此病。控制变量包括年龄、婚姻状况、配偶年收入、个人受教育程度、是否要照顾0—6岁孩子、雇主类型是否是国有性质。

一些研究健康状况对劳动供给影响的文章假定健康状况是外生的,这意味着方程中的误差项与劳动力的工资和劳动供给是不相关的,但实际情况是残差项中影响健康状况的因素有些也与工资水平和劳动供给状况相关,因此健康状况实际上并不是一个外生变量。为了估计健康状况这个内生变量的影响,需要找工具变量。工具变量要影响健康状况,但不直接影响工资水平和劳动供给。当地治疗普通感冒的费用、父母亲健康状况和儿童时期健康状况、身高体重比、距离最近医院的所需时间、兄弟姐妹的个数、父母亲的受教育程度等都被用来作为工具变量。在本书中,我们使用个体身高体重比做工具变量(Case等,2000,2003)。

表6—7 健康状况对工作时间的影响(假设健康状况是外生变量)

| 自变量 | 系 数 | | | 系 数 | | |
|---|---|---|---|---|---|---|
| | 男 | | | 女 | | |
| | 模型 i | 模型 ii | 模型 iii | 模型 i | 模型 ii | 模型 iii |
| 常数项 | 103.51** | 122.83*** | 108.3*** | 98.73** | 108.55*** | 101.04*** |
| 年龄 | -2.66** | -3.07*** | -4.5*** | -2.07** | -2.18*** | -2.32*** |
| 婚姻状况 | 6.00 | 3.52 | 4.89 | -8.54) | -15.41* | -6.07 |
| 国有部门 | 7.47 | 5.81* | 10.97 | 8.44 | 10.09 | 9.23 |
| 配偶年收入 | -0.07 | -0.32 | 0.0015 | -180.54** | -174.38* | -96.26** |
| 0—6岁孩子 | -274.43* | -281.28** | -332.46** | -408.12* | -355.53** | -468.79** |

(续表)

| 自变量 | 系数 | | | 系数 | | |
| --- | --- | --- | --- | --- | --- | --- |
| | 男 | | | 女 | | |
| | 模型 i | 模型 ii | 模型 iii | 模型 i | 模型 ii | 模型 iii |
| 抽烟 | | 9.02 | | | -4.04 | |
| 酗酒 | | -17.91* | | | -2.87 | |
| 健康状况一般 | 40.55* | | | 13.22 | | |
| 健康状况好 | 52.41* | | | 19.17* | | |
| 健康状况很好 | 46.91 | | | 14.05** | | |
| 高血压 | | -5.3 | | | -10.12 | |
| 呼吸系统疾病 | | -9.04 | | | -8.16 | |
| 糖尿病 | | -18.74 | | | -25.69. | |
| 消化系统疾病 | | -21.08** | | | -16.33* | |
| 健康生活指标（QWB） | | | 16.4** | | | 13.05** |

[注：Tobit 模型得到的系数是基于潜变量的均值 $E(y^*|X)$ 基础上得到的边际效用，潜在值是没有经济含义的，我们要解释的变量是 y，因此需要乘以调整因子，以得到对条件期望 $E(y|X)$ 的偏效应，下文中报告的偏效应均是乘以调整因子后的结果；*、**、*** 分别表示在 10%、5% 和 1% 的水平上显著。]

表 6—8 使用工具变量的结果

| 周平均工作时间 | 男 | | 女 | |
| --- | --- | --- | --- | --- |
| | 系数（Z 值） | 边际影响 | 系数（Z 值） | 边际影响 |
| 常数项 | 195.35** | | 112.78*** | |
| 健康状况 | 45.21** | 4.91** | 32.94* | 3.55** |
| 年龄 | -5.6*** | -1.89*** | -8.54** | -4.02* |
| 婚姻状况 | 10.06 | 9.88 | -3.64 | -3.07 |
| 国有部门 | 257.01* | 9.21* | 40.08 | 1.82 |
| 0—6 岁孩子 | -134.77*** | -5.96** | -514.06*** | -18.75*** |
| 配偶年收入 | -50.6 | -1.23 | -69.63* | -2.15* |
| Wald chi2(7) = 121.53 | Wald test of exogeneity(/alpha =0):chi2(1) = 8.33 Prob > chi2 = 0.0021 | | | |

(注：身高体重比是工具变量\*、\*\*、\*\*\* 分别表示在 10%、5% 和 1% 的水平上显著，如果变量为虚拟变量则偏效应为 dy/dx，如果是连续变量，则所求为 ey/dx，其中配偶收入的偏效应为 ey/ex。)

对比上面两个表格，分别是将健康状况看作外生变量和内生变量处理，各个变量的影响方向基本一致，只是系数大小不同。

我国所面对的价格体系使医疗供给方在高科技保健和药物方面的利润高于基础保健的利润，因此他们寻求将保险病人的需求转向这些高额利润的服务的动机更强。当然这些服务需要病人分担的份额较大，这必然导致降低高额自费消费风险的保险计划失败（Wagstaff，2006）。家庭面对健康冲击，一方面遭受工作时间减少、收入减少，另一方面又面临巨额自付医疗费用增加，双重打击会很快使家庭收入急剧减少。

使用自评健康状况做健康状况的衡量指标可以看出，与健康状况差的人相比，健康状况一般、好、很好和非常好的人其周平均工作时间都要长。之前的一些研究也证实了由于我国医疗保障体系的不完善，只要健康状况不是特别差，人们一般不会选择退出劳动力市场（任兆璋、范闽，2006）。使用具体的慢性病做健康状况的衡量指标，除关节类的疾病对劳动时间的影响显著外，其他几种疾病的影响均不显著。由于关节类的疾病容易造成病人行动困难，所以对劳动时间影响显著可以理解。而 ADL 对劳动时间的影响也显著为正。

使用身高体重比做当前健康状况的工具变量可以看出，健康状况每变化一个等级，男性的工作时间变化 4.91 个小时，女性工作时间变化 3.55 个小时。年龄是影响工作时间的一个显著因素，对于男女都是如此，随着年龄增长，工作时间显著减少。由于在我国，很多儿童的照料是由家庭成员承担的，所以若有 0—6 岁孩童需要照料，则会显著减少照料者的市场工作时间。配偶的年收入是影响女性劳动时间的一个重要因素，但对男性影响不大。

健康状况不佳或者健康风险冲击造成的劳动者收入减少，其实是通过减少劳动者劳动时间发挥作用的，不完善的保障体制在劳动者面临收入减少的情况下,又承受高额医疗费用,双重打击使得许多家庭陷入贫困。若本身就是贫困家庭,在国家公共医疗卫生投资不足和社会医疗保险薄弱甚至缺失的情况下,由于医疗费用日趋昂贵,往往患小病不治而酿成大病,最终丧失劳动能力,陷入健康状况恶化和收入减少的恶性循环。

因此重视健康投资,对个人劳动力市场表现有重要影响,对社会也有重大影响,一方面可以减少由于健康差距造成的收入不平等,另一方面也可以提高一国劳动力素质这一最核心的竞争力。

### (二) 健康对工资率的影响

#### 1. 估计方法

尽管健康的内生性可能因为无法观测的因素引起,例如偏好,不仅影响健康而且影响工资;也可能是由工资对健康的反效应引起。内生性偏差的方法取决于内生性的实质。例如,如果无法观测的因素对健康和工资的影响方向相同,则若将健康作为外生变量估计健康对工资的影响会产生一个向上的偏差。根据 Grossman (1972) 的健康生产函数模型,可以得出工资对健康的反效应。该模型认为,根据可得的经济资源和时间分配,通过健康投资可以维持和提高健康资本。更高的工资意味着健康生产中可以投入更多的经济投入,这揭示了工资对健康的正效应。另一方面,健康投资回报的增加也加大了健康投资的机会成本,它使个人更多地参与市场活动,投入健康生产的时间减少,这又产生一个工资对健康的负影响 (Grossman & Benham, 1974)。因此联立偏差的方法在理论上是模糊的,只能从经验研究中判断。

为解决联立问题,可以使用联立方程来分析。第一,工资率的决定方程为:

$$w = \alpha_w h^* + \beta_w x'_w + \varepsilon_w \tag{1}$$

其中 $w$ 是小时工资,$h^*$ 是潜在的健康变量,$x_w$ 是影响工资的其他外生变量,例如,受教育程度和工作经验,$\varepsilon_w$ 是随机误差项。方程 (1) 是 Mincer (1974) 的标准工资决定模型,加入了健康作为解释变量。工资决定方程中加入潜在健康变量是因为基本的健康资本无法直接测量。健康决定的方程为：

$$h^* = \alpha_h w + \beta_h x'_h + \varepsilon_h \tag{2}$$

其中 $x_h$ 是影响健康状况的一系列变量，例如具体的健康情况和危害健康的行为，$\varepsilon_h$ 是包含影响健康的无法观测的因素的误差项。$w$ 加入健康决定等式中，是由于前面讨论过的潜在反效应。因为健康的内生性或者产生于反效应（i.e. $a_h \neq 0$），或者产生于两个误差项的相关性，所以需要做一个健康外生性的识别检验，以验证 $\alpha_h$ 的估计以及 $\varepsilon_w$ 和 $\varepsilon_h$ 之间相关性的显著性。

假定 $x_w$ 和 $x_h$ 是外生的，因此与误差项不相关。它们可能包含一些共同的变量，但是出于识别的目的，每个方程中至少应该包含一个特定的变量。另外需要指出的是，使用潜在健康变量 $h^*$，而不是直接使用数据中可得的四个水平的自评健康状况，也是一种消除自评健康状况估计误差的方法（Bound 等，1999）。

潜在健康变量 $h^*$ 无法直接观察到，但是数据提供了四个水平的自评健康状况。下面的等式将可观察的健康状况与健康潜变量相连：

$$h_t = \begin{cases} 3（非常好） & 如果\ m_2 < h_i^* < +\infty \\ 2（好） & 如果\ m_1 < h_i^* \leq m_2 \\ 1（一般） & 如果\ m_0 < h_i^* \leq m_1 \\ 0（差） & 如果\ -\infty < h_i^* \leq m_0 \end{cases} \tag{3}$$

其中 $m_i$ 是要估计的截断点参数。等式（1）到（3）构成了工资和健康的联立方程组，可以使用二阶段法和全信息最大似然估计法（Full information maximum likelihood estimation，FIMLE）来估计。

通过代换，等式（1）和（2）的简化形式可以表示如下：

$$w = \frac{1}{1-\alpha_w \alpha_h}[\beta_w x'_w + \alpha_w \beta_h x'_h + (\varepsilon_w + \alpha_w \varepsilon_h)] = x^{*'} \Pi_w + \varepsilon_w^* \tag{4}$$

$$h^* = \frac{1}{1-\alpha_w \alpha_h}[\beta_h x'_h + \alpha_h \beta_w x'_w + (\varepsilon_h + \alpha_h \varepsilon_w)] = x^{*'} \Pi_h + \varepsilon_h^* \tag{5}$$

其中 $x^* = (x_w \cup x_h)$，指方程组中所有外生变量，$\Pi_w$ 和 $\Pi_h$ 是简化方

程中的估计参数，$\varepsilon_w^* = \frac{1}{1-\alpha_w\alpha_h}(\varepsilon_w + \alpha_w\varepsilon_h)$ 和 $\varepsilon_h^* = \frac{1}{1-\alpha_w\alpha_h}(\varepsilon_h + \alpha_h\varepsilon_w)$ 是简化方程中的误差项。

第一步估计（4）和（5），分别使用 OLS 和有序 Probit 法获得简化方程中参数的一致估计量，表示为 $\hat{\Pi}_w$ 和 $\hat{\Pi}_h$，使用这些估计值估计工资和健康有：

$$\hat{w} = x^{*'}\hat{\Pi}_w \tag{6}$$

$$\hat{h}^* = x^{*'}\hat{\Pi}_h \tag{7}$$

第二步估计工资和健康，$\hat{w}$ 和 $\hat{h}^*$，把它们带入等式（1）和（2），再次使用 OLS 和 Probit 方法估计结构方程中的参数。

除了估计潜在健康变量 $\hat{h}^*$，使用等式（3）和第一步的估计结果可以估计出健康状况或者 $\hat{h}^*$ 的分类。

除了内生性问题外，研究者们常常还担心自评健康的估计误差，因为个人对自身健康问题的认识随教育、就业状况、收入和医疗保险情况的不同而不同，因此健康状况相同的个人在回答相同的健康问题时，答案可能会不同。而对健康问题回答的这种离散型也可能导致估计误差，因为在评估和报告自身健康状况时人们可能有各自不同的分段点。估计误差使得估计健康的效应时会有一个向下的偏差。尽管自评健康有这种主观估计问题，我们也可以构建其他的较为客观的指标，但是仍然有很多文献认为自评健康状况是健康状况的一个较好的指标，因为从某种程度上讲，自评健康状况与个人从医学上衡量的真实健康状况是高度相关的（Maddox and Douglas,1973）。Gerdtham（1999）证实了：从自评健康状况中得到的连续健康状况变量与其他关于健康的连续变量高度相关。

同时出现在工资方程和健康方程中的变量有婚姻状况、受教育程度（四个虚拟变量）、省份，出现在工资方程中的外生变量有工作经验和工作经验平方项、职业、单位性质；出现在健康方程中的变量有年龄和年龄平方项、具体健康情况和健康风险行为。

在工资方程中,除了加入代表人力资本的变量,例如教育、健康和工作经验。在实际研究中,由于我国地理辽阔,各地差异非常大,因此,还可以加入省份虚拟变量和是否是省会城市变量以控制由于不同地区生活成本和劳动力市场情况差别引起的工资差别。婚姻状况进入工资方程是由于已有研究认为已婚者比未婚者的收入要高(Light,A.,2004)。户口加入方程中是为反映在劳动力市场上农村户籍人的劣势地位。当然对于农村户籍的样本而言,这个工资指的是其非农工资,这样并不会造成样本选择偏差,因为根据《中国农民经济状况报告》显示:以外出务工收入为主的工资性收入在农村家庭中正稳定上升,工资性收入占农户家庭现金收入的比重为65.72%[①]。

在健康方程中,除了一系列具体的病症和危害健康行为的变量外,还加入一些人口和社会经济变量。年龄加入方程是根据 Grossman 的健康生产理论(1972),因为人们的健康资本随着年龄增长而不断贬值,年龄平方项可以捕捉年龄的非线性折旧率。在一些其他研究中,研究发现,健康和婚姻状况紧密相关(Wilson and Oswald, 2005)。教育被认为是影响健康的非常重要的一个因素,因为教育可以提高个人的健康知识和健康生产效率(Grossman and Kaestner, 1997)。省变量加入是为控制各省卫生政策不同和卫生服务设施等的差异,宏观数据显示中国各个省份卫生支出差异明显,因此卫生服务设施等显然也是差异很大。

通过在两个方程中加入不同的变量,为识别联立方程所需要的排除性约束就得到满足了。但是问题依然存在,即每个方程中加入的排除性约束是否有效?即所选择的识别工具(例如部门)是否只影响一个内生变量(例如工资)而不影响其他(例如健康)。健康方程中所使用的识别工具是一些具体的健康症状和危害健康的行为,有一些变量可能在问卷中并没有。根据(Grossman, 1972)关于健康资本的理论认为,任何健康状况或者疾病的发生都代表了对健康资本的一个逆向冲击。另外,在研究健康对

---

① 《中国农民经济状况报告》http://news.southcn.com/z/2012-08/22/content_53358603.htm。

劳动市场表现影响的文献中，使用具体的健康状况或者疾病作为工具变量的也很多（如：Stern，1989；Bound，1991；Bound 等，1999；Campolieti，2002；Disney 等，2006）。也有研究检验不利于健康的一些行为的效应，例如饮酒或抽烟对工资或者收入的影响，但是这种研究通常是通过论证该行为对健康的影响进而影响工资。所以从理论上讲，这些工具变量是有效的。

然而，有人也许会质疑工资方程中选择的工具变量，例如户口、工作单位性质和职业是否应该被排除在健康方程外。以户口为例，有人争辩说生活在城市对健康有利，因为这里有更便利的卫生设施。但是从另一方面说，更多的压力和糟糕的环境，例如空气污染也可能对人的健康不利。因此，户口对人健康的影响的准确方向从理论上并不能得出一个正确的估计。类似国有部门和技术工作这种变量对健康的影响也没有一个特别的方式。如果需要验证这些排除性约束的有效性，可以通过敏感性分析来验证。

## 2. 健康对工资率影响的验证

可以使用"中国健康和营养调查"（CHNS）的数据来验证健康水平对工资的影响。该调查是由美国北卡罗来纳大学和中国疾病预防控制中心联合开展的调查。该调查包括辽宁、黑龙江、山东、江苏、河南、湖北、湖南、广西、贵州九个省份，采用多阶段分层整群随机抽样方法取得数据。本书选取了1989—2009年数据，该数据涵盖了被调查者的人口统计特征、健康、医疗保健、保险、就业和工资和其他收入等多方面的信息。

表6—9 描述性统计

| variable | 变量 | min | mean | max | sd |
| --- | --- | --- | --- | --- | --- |
| iwage | 工资 | 103.1 | 10023 | 40949 | 8812 |
| marry | 婚姻 | 0 | 0.810 | 1 | 0.400 |
| gender | 性别（1 男） | 0 | 0.590 | 1 | 0.490 |
| age | 年龄 | 18 | 38.67 | 65 | 11.29 |
| agesq | 年龄的平方（除以100） | 3 | 16.22 | 43 | 9.050 |
| urban | 城乡（1 城市） | 0 | 0.470 | 1 | 0.500 |

（续表）

| variable | 变量 | min | mean | max | sd |
|---|---|---|---|---|---|
| eduy | 受教育年限 | 0 | 9.460 | 19 | 3.370 |
| eduxg 1 | 初中 | 0 | 0.430 | 1 | 0.500 |
| eduxg 2 | 高中 | 0 | 0.210 | 1 | 0.410 |
| eduxg 3 | 大学 | 0 | 0.0900 | 1 | 0.290 |
| eduxg 4 | 小学及文盲 | 0 | 0.270 | 1 | 0.440 |
| wkposg 1 | 雇主 | 0 | 0.0300 | 1 | 0.160 |
| wkposg 2 | 个体或农民 | 0 | 0.160 | 1 | 0.370 |
| wkposg 3 | 长期工 | 0 | 0.610 | 1 | 0.490 |
| wkposg 4 | 其他 | 0 | 0.200 | 1 | 0.400 |
| wkscaleg 1 | 20 以下 | 0 | 0.210 | 1 | 0.410 |
| wkscaleg 2 | 20—100 | 0 | 0.230 | 1 | 0.420 |
| wkscaleg 3 | 100 以上 | 0 | 0.370 | 1 | 0.480 |
| wkscaleg 4 | 未知 | 0 | 0.190 | 1 | 0.390 |
| reg 1 | 东部 | 0 | 0.290 | 1 | 0.460 |
| reg 2 | 东北 | 0 | 0.180 | 1 | 0.390 |
| reg 3 | 中部 | 0 | 0.320 | 1 | 0.470 |
| reg 4 | 西部 | 0 | 0.200 | 1 | 0.400 |
| sahg 1 | 好 | 0 | 0.280 | 1 | 0.450 |
| sahg 2 | 一般 | 0 | 0.530 | 1 | 0.500 |
| sahg 3 | 很好 | 0 | 0.170 | 1 | 0.370 |
| sahg 4 | 最差 | 0 | 0.0200 | 1 | 0.160 |

表6—10 工资方程估计

| | 1989 | 1994 | 1997 | 2000 | 2004 | 2006 | 2009 |
|---|---|---|---|---|---|---|---|
| | lniwage | lniwage | lniwage | lniwage | lniwage | lniwage | lniwage |
| marry | 0.103*** | 0.084** | 0.003 | 0.034 | 0.061 | 0.063 | 0.042 |
| | (2.91) | (1.96) | (0.08) | (1.02) | (1.38) | (1.10) | (0.75) |
| gender | 0.194*** | 0.155*** | 0.229*** | 0.158*** | 0.165*** | 0.379*** | 0.445*** |
| | (9.01) | (6.05) | (9.02) | (7.18) | (6.04) | (11.17) | (12.78) |

（续表）

| | 1989 | 1994 | 1997 | 2000 | 2004 | 2006 | 2009 |
|---|---|---|---|---|---|---|---|
| | lniwage | lniwage | lniwage | lniwage | lniwage | lniwage | lniwage |
| age | 0.053*** | 0.051*** | 0.063*** | 0.027*** | 0.022** | 0.079*** | 0.092*** |
| | (7.41) | (5.95) | (7.02) | (3.66) | (2.30) | (6.84) | (8.04) |
| agesq | -0.061*** | -0.059*** | -0.079*** | -0.030*** | -0.023* | -0.107*** | -0.125*** |
| | (-6.97) | (-5.80) | (-7.19) | (-3.30) | (-1.96) | (-8.01) | (-9.52) |
| urban | -0.133*** | -0.173*** | -0.132*** | -0.157*** | -0.133*** | -0.155*** | -0.037 |
| | (-5.80) | (-6.42) | (-4.74) | (-6.41) | (-4.44) | (-4.01) | (-0.92) |
| eduxg 1 | 0.070*** | 0.004 | 0.089*** | 0.093*** | 0.271*** | 0.317*** | 0.241*** |
| | (2.78) | (0.14) | (2.81) | (3.18) | (6.58) | (6.81) | (5.16) |
| eduxg 2 | 0.075** | 0.040 | 0.144*** | 0.191*** | 0.415*** | 0.427*** | 0.370*** |
| | (2.12) | (0.98) | (3.61) | (5.44) | (9.20) | (7.85) | (6.61) |
| eduxg 3 | 0.176*** | 0.115* | 0.286*** | 0.367*** | 0.629*** | 0.714*** | 0.559*** |
| | (3.40) | (1.92) | (5.03) | (8.09) | (11.31) | (10.64) | (7.92) |
| wkposg 1 | 0.342*** | 0.484*** | 0.455*** | 0.289*** | 0.436*** | 0.383*** | 0.179** |
| | (3.27) | (3.97) | (5.06) | (4.01) | (5.56) | (4.30) | (2.03) |
| wkposg 2 | -0.056 | -0.053 | -0.009 | -0.224*** | -0.007 | -0.336*** | -0.580*** |
| | (-0.82) | (-0.61) | (-0.18) | (-6.06) | (-0.12) | (-6.56) | (-11.13) |
| wkposg 3 | 0.181*** | 0.045 | 0.067* | 0.064** | 0.229*** | 0.269*** | 0.301*** |
| | (2.92) | (0.56) | (1.96) | (2.22) | (7.11) | (6.23) | (6.88) |
| wkscaleg 1 | 0.030 | 0.080* | 0.058 | 0.080** | 0.109* | 0.131** | 0.482*** |
| | (0.67) | (1.68) | (1.23) | (2.29) | (1.65) | (2.53) | (9.62) |
| wkscaleg 2 | 0.068* | 0.025 | 0.145*** | 0.101*** | 0.298*** | 0.406*** | 0.700*** |
| | (1.75) | (0.65) | (2.89) | (2.59) | (4.41) | (6.55) | (11.56) |
| wkscaleg 3 | 0.090*** | 0.115*** | 0.159*** | 0.145*** | 0.342*** | 0.427*** | 0.690*** |
| | (2.59) | (3.60) | (3.33) | (3.89) | (5.07) | (6.73) | (11.09) |
| reg 1 | 0.070** | 0.207*** | 0.167*** | 0.174*** | 0.158*** | 0.222*** | 0.162*** |
| | (2.21) | (5.69) | (4.61) | (5.25) | (3.96) | (4.50) | (3.25) |
| reg 2 | -0.001 | 0.002 | -0.221*** | -0.026 | 0.079* | 0.247*** | 0.087* |
| | (-0.02) | (0.05) | (-4.83) | (-0.75) | (1.89) | (4.98) | (1.65) |

(续表)

| | 1989 | 1994 | 1997 | 2000 | 2004 | 2006 | 2009 |
| --- | --- | --- | --- | --- | --- | --- | --- |
| | lniwage | lniwage | lniwage | lniwage | lniwage | lniwage | lniwage |
| reg 3 | 0.063** | 0.100*** | 0.073** | 0.035 | 0.018 | 0.071 | 0.089* |
| | (2.08) | (2.88) | (2.10) | (1.11) | (0.45) | (1.51) | (1.82) |
| sahg 1 | 0.148* | 0.163 | 0.053 | 0.125 | 0.154 | 0.413*** | 0.089 |
| | (1.84) | (1.58) | (0.56) | (1.47) | (1.58) | (4.25) | (1.14) |
| sahg 2 | 0.125 | 0.251** | 0.113 | 0.063 | 0.189** | 0.416*** | 0.192** |
| | (1.61) | (2.49) | (1.23) | (0.74) | (1.98) | (4.37) | (2.37) |
| sahg 3 | 0.133 | 0.409*** | 0.128 | 0.034 | 0.146 | 0.464*** | 0.315*** |
| | (1.63) | (3.92) | (1.34) | (0.38) | (1.47) | (4.59) | (3.58) |
| _cons | 6.579*** | 6.826*** | 7.058*** | 8.048*** | 7.791*** | 6.493*** | 6.590*** |
| | (40.56) | (35.28) | (38.70) | (51.22) | (36.99) | (27.14) | (28.01) |
| N | 3305 | 3033 | 3061 | 3456 | 2037 | 2829 | 3184 |
| r2_a | 0.108 | 0.098 | 0.111 | 0.116 | 0.201 | 0.337 | 0.413 |
| ll | −3.0e+03 | −3.1e+03 | −3.1e+03 | −3.3e+03 | −1.8e+03 | −3.6e+03 | −4.3e+03 |

**注**：显著水平分别为***（1%）、**（5%）和*（10%）。

结论证实了国外大量文献的结论，即健康对工资率有显著影响，但是这种显著效应只有在考虑了健康的内生性和估计误差后才能成立。这种影响不仅显著而且很大。例如，从上表可以看出，与健康状况最差的人相比，自评健康状况为一般、好和很好的人工资率都高，并且随着时间推移，变得更高。例如，自评健康状况为一般的人和自评健康状况差的人相比，1989 年其工资要高 12.5%，但是估计结果并不显著，到 1994 年，工资显著高 25.1%，2006 年更是显著高 41.6%，2009 年高 19.2%；自评健康很好的人与自评健康很差的人相比，1989 年其工资比后者高 13.3%，但是并不显著，1994 年其收入比后者显著高 40.9%，后面年份并不显著，但是到 2006 年以后，估计结果显著，2006 年其工资比后者显著高 46.4%，2009 年则显著高 31.5%。

健康状况的好坏，不仅影响人的工资高低，也影响着家庭的支出情况，尽管我国的医疗保险覆盖取得了骄人的成绩，但在保护居民免受灾难性支出方面变化并不大。根据 2011 年的卫生调查数据显示，尽管住院报销比和前几次卫生调查数据相比有很大提高，但是仍在50%以下，居民因为经济困难自我要求出院的比例仍高达35%左右。家庭卫生支出占总支出的比例在2008年以后仍然飞速增长。2011年中国居民家庭的灾难性医疗支出发生比例为12.9%。营养健康数据中，有调查提问："在过去四周中，你是否去过正规的医疗机构看病？"回答去过的，继续选择，"是看门诊，还是住院"？分析回答住院的这部分样本，有三个问题与医疗支出相关，第一个问题是"花了多少钱"；第二个问题是"所花费用中百分之几由医疗保险支付，或可能由医疗保险支付"？第三个问题是"除了前面所说的费用之外，为治病还额外花了多少钱"？根据几个问题的答案，可以算出医疗保险支付以外的个人支付额，从2009年的数据可以看出，这些生病住院的个人平均每月支出是772元，最高的支付达到28200元。所以，如果健康状况不佳，不仅降低工资率，也会大大增加家庭的医疗支出。如何降低健康风险导致的经济风险是每个国家都要思考的问题？

表6—11 过去四周因病住院自费额

| 变量 | 观测量 | 均值 | 标准差 | 最小值 | 最大值 |
| --- | --- | --- | --- | --- | --- |
| 自费额 | 147 | 771.69 | 1837.011 | 0 | 28200 |

**注**：使用2009年数据。

从本部分的分析，可以证实引导人们采取有益健康的生活方式，才是一个社会应该投入的重点。卫生领域的投资不仅应该致力于解决发生疾病后的治疗，更应该致力于引导人们保持健康水平，引导人们如何健康生活、健康工作。对于个人而言，青年时期是一个人开始吸烟、喝酒、有性行为、甚至吸毒的时期，而这个时期恰恰也是个人能够对自己的饮食和体育锻炼有所控制的时期，是良好生活习惯开始养成的时期。这个时期所养成的生活习惯会对一个人的未来健康、生活和工作产生持久的影响。[1] 而

---

[1] 卫生部《2008中国控制吸烟报告》中显示，中国现有13—18岁青少年1.3亿，现在吸烟者约1500万，尝试吸烟者不下4000万，遭受二手烟雾危害的人数高达6500万。"在许多国家里，青年人在15岁前就开始有了性行为，而且在那些性行为活跃的青年人中，只有不到一半的人使用避孕套。对于许多青年人来说，为寻找一种身份的认同，又缺少信息，因此极其容易促使他们去尝试一些对他们的身心健康有很大危害的活动"。

且，尤为重要的并且不为人所重视的是：青年时期养成的生活习惯对健康的全面影响往往要到成年之后才能感觉到，因为这些不良习惯对健康造成的后果（有时候是灾难性的）常常要到生命的中后期才显现出来，而医治这些后果往往要比预防费用更高；对社会而言，忽视对国民早期的健康投资，其负面影响会产生深远后果，不仅损失了劳动生产率高的人力资本，还可能因此增加不必要的大规模的公共卫生开支。除去对个人健康和生活的影响，对个人经济状况而言，当然就如本文的结论所显示的，影响个人的劳动生产率进而减少工资，不仅是短期的工资，甚至可能是是一生持久的收入。因此，无论对于个人而言还是社会，考虑到健康的经济效益，公共卫生投资倾向于预防保健都是更明智的选择。

当然工资只是个人经济地位中受到健康影响的一个方面，健康对个人经济地位的影响可能更大，因为通过数据分析已经证实了个人的劳动参与和工作小时都受到健康的影响，而个人的经济地位是工资和劳动供给联合决定的。由于各个年份中对一些问题的设置不同，使用面板数据后样本量过少，本部分只分析了截面数据，没有很好地控制不可观测的异质性。另外，因为收入的数据往往报告不够准确，微观样本中涉及收入变量的，往往漏报、误报较多，例如本书中的数据，农村的工资是高于城镇地区的，这显然和现实不太符合。因此如果有比较准确的个人收入数据，还可以检验健康对个人收入的影响，可能会更全面。

### （三）健康对工资不平等的贡献

#### 1. 测算方法

几十年来，经济学家和其他社会科学家们一直在使用回归模型试图解释收入（或者挣得、工资）不平等，具体而言就是在一个国家或者组别时间 $t$ 内的个体 $i$ 的收入对数，对一组解释变量做回归。假定这些解释变量的选择都是严格按照理论和过去的经验研究，问题是如何使用包含在这种收入生成的方程中的信息区"分解"或者"解释"收入不平等。fields (2003) 分解方法可以解释包含健康在内的各个解释变量对收入不平等的贡献。

Fields（2003）分解方法是在两个等式基础上。第一，给定一个收入—生成方程，由标准的半对数回归估计各个解释变量可以解释多少收入不平等？这部分可以称为"水平问题"，答案可以描述为"x%的收入不平等可以归结为教育，y%的可以归结为区域，z%的可以归结为性别，等等"。第二，将两个国家，组别或者时间的方程分别标示为（1）和（2），给出可比较的等式估计：

$$\ln(Y_{i1}) = \alpha_1 + \sum_j \beta_{j1} X_{ij1} + \varepsilon_{i1} \tag{1}$$

$$\ln(Y_{i2}) = \alpha_1 + \sum_j \beta_{j2} X_{ij2} + \varepsilon_{i2} \tag{2}$$

教育、经验和其他解释变量多大程度上可以解释两个国家之间、两个不同组别之间和两个不同时点之间的收入不平等的差异？这属于"差别问题"。

对于同一个调查中的收入不平等因素分解来说，首先以一个收入方程开始，这个方程基于人力资本理论或者一些其他已有的理论模型，在这些模型中，收入是一些特定变量的函数。分解就是基于收入生成函数的，简化为：

$$\ln Y_{it} = = \alpha_t \, Z_{it} \tag{3a}$$

其中：

$$\alpha_t = [\alpha_t \, \beta_{1t} \, \beta_{2t} \, \beta_{Jt} \, 1] \tag{3b}$$

$$Z_{it} = [1 \, X_{i1t} \, X_{i2t} \, X_{iJt} \, \varepsilon_{it}] \tag{3c}$$

在假定方程估计系数是好的估计结果后，要推导出一个有用的分解等式，分解收入的对数方差。从收入函数（3a-c）开始，取两边的方差。左边就是对不平等的一个简单度量——对数方差。右边的方差可以通过下式计算：

**定理**（**Mood, Graybill, and Boes**）：令 $A_1, \cdots, A_P$ 和 $B_1, \cdots, B_Q$ 为两组随机变量，并且令 $a_1, \cdots a_p$ 和 $b_1, \cdots b_Q$ 是两组常量。则有：

$$\text{cov}\left[\sum_{p=1}^{P} a_p A_p, \sum_{q=1}^{Q} b_q B_q\right] = \sum_{p=1}^{P} \sum_{q=1}^{Q} a_p b_p \text{cov}[A_p, B_q] \tag{4}$$

将这个定理用于单一随机变量 $\ln Y = \sum_{j=1}^{J+2} \alpha_j Z_j$ 中，可以得到：

$$\operatorname{cov}\left[\sum_{j=1}^{J+2} \alpha_j Z_j, \ln Y\right] = \sum_{j=1}^{J+2} \operatorname{cov}[\alpha_j Z_j, \ln Y] \tag{5}$$

但是由于等式（5）左边的协方差其实是 $\ln Y$ 和他自己本身的协方差，因此其实左边是 $\ln Y$ 的方差，因此上式可以表示为：

$$\sigma^2(\ln Y) = \sum_{j=1}^{J+2} \operatorname{cov}[\alpha_j Z_j, \ln Y] \tag{6a}$$

将等式（6a）两边都除以 $\sigma^2(\ln Y)$，可得：

$$100\% = \frac{\sum_{j=1}^{J+2} \operatorname{cov}[\alpha_j Z_j, \ln Y]}{\sigma^2(\ln Y)} = \sum_{j=1}^{J+2} S_j(\ln Y) \tag{6b}$$

其中每一个 $S_j(\ln Y)$ 都是一个"相对因子不平等的权重"，可以表示如下：

$$S_j(\ln Y) = \operatorname{cov}[\alpha_j Z_j, \ln Y] \sigma^2(\ln Y) \tag{6c}$$

在这里需要指出的是，当 Z 中的最后一个因素被排除出去后，剩下的相对因子不平等权重之和 $\dfrac{\sum_{j=1}^{J+1} \operatorname{cov}[\alpha_j Z_j, \ln Y]}{\sigma^2(\ln Y)}$ 恰好等于 $R^2(\ln Y)$。

另外，还有个代数推导有用。普通的相关系数与协方差相关：

$$\operatorname{cor}[\alpha_j Z_j, \ln Y] = \frac{\operatorname{cov}[\alpha_j Z_j, \ln Y]}{\sigma(\alpha_j Z_j)\sigma(\ln Y)} \tag{7}$$

结合等式（6a—6c）和（7），可以得到：

结论1：给定收入函数（3a—3c），令 $S_j(\ln Y)$ 表示第 j 个解释变量对收入的对数方差的贡献份额，$R^2(\ln Y)$ 表示对数方差可以被所有 Z 解释的份额。则收入的对数方差可以被分解为：

$$S_j(\ln Y) = \frac{\operatorname{cov}[\alpha_j Z_j, \ln Y]}{\sigma^2(\ln Y)} = \frac{\alpha_j^* \sigma(Z_j)^* \operatorname{cor}[Z_j, \ln Y]}{\sigma \ln Y} \tag{8a}$$

其中：$\sum_{j=1}^{J+2} S_j(\ln Y) = 100\%$ \qquad(8b)

$$\sum_{j=1}^{J+1} S_j(\ln Y) = R^2(\ln Y) \tag{8c}$$

第 j 个解释变量的解释份额，$p_j(\ln Y)$ 可以表示为

$$p_j(\ln Y) = \frac{S_j(\ln Y)}{R^2(\ln Y)} \tag{8d}$$

等式（8a—8d）是对对数方差的全分解。上面的分解方法同样适用于除对数方差以外的其他不平等度量。只要遵守了线性模型和其分解规定，则在运用于收入对数的更广泛的不平等度量时，可以得到第 j 个解释变量相同比例的效应，所以没有必要统一特定的不平等指标分解。包括基尼系数、Atkinson 指数、广义熵和其他多种分位度量都可以分解。

但是上面所说的只是针对水平不平等情况而言，如果想具体分析不平等在不同年份的变化程度，则必须明确度量指标。

对于任何给定的不平等度量 $I(.)$，可以将不平等的变化表示为每一期因素不平等权重和每一期不平等的水平：

$$I(.)_2 - I(.)_1 = \sum_j [s_{j,2} * I(.)_2 - s_{j,1} * I(.)_1]$$

将因素 j 对不平等变化的贡献定义为一个任意不平等度量 $I(.)$：

$$\prod_j (I(.)) = \frac{[s_{j,2} * I(.)_2 - s_{j,1} * I(.)_1]}{[I(.)_2 - I(.)_1]}$$

由上式可得：

$$100\% = \frac{\sum_j [s_{j,2} * I(.)_2 - s_{j,1} * I(.)_1]}{[I(.)_2 - I(.)_1]} = \sum_j \prod_j (I(.))$$

$\prod_j (I(.))$ 就是由不平等指数 $I(.)$ 度量的 j 解释变量对不平等变化的贡献大小。

结论 2：第 j 个因素对两组特定不平等指标变化的贡献可以表示为：

$$\prod_j (I(.)) = \frac{[s_{j,2} * I(.)_2 - s_{j,1} * I(.)_1]}{[I(.)_2 - I(.)_1]}$$

将 $\prod_j$ 表示为 $I(.)$ 的函数，更加明确了解释变量对不平等变化的贡献取决于所选择的不平等指标。

## 2. 可添加的解释变量

对于进入收入函数中的简单的解释变量（受教育年限或者是否在国有部门工作），公式（8a）右边的每一个组成部分都有直接的解释。但是并不是所有的解释变量都以这种方式加入收入函数中。这里有三种其他类型的变量：（1）分类变量以一组虚拟变量的形式加入①，（2）非线性效应的解释变量②，（3）两个或者多个变量的交叉变量③。

在水平分解问题中，前两类变量的处理方法类似。例如，将笼统的产业变量定义为一组产业虚拟变量 $IND_1, IND_2, \cdots$，将笼统的经验变量定义为经验和经验的平方（如果还有更高阶的项也可以加入）。将 $IND_1, IND_2, \cdots$ 的 $S_j$ 加总就得到一个对笼统的产业的一个好的总体估计。经验也类似。

交叉项稍微麻烦些。为了解样本中男性和女性之间的不平等状况，以明赛尔类型的人力资本模型为例，可以将收入函数表示为如下形式：

$$\log y = a + b_1 edu + b_2 \exp + b_3 \exp sq + b_4 gender + e_i \qquad (9)$$

使用上面的结果可以得到教育、经验和性别的 $S_j$，有人可能会反对等式（9）这种模式，理由是假定不考虑性别情况，经验和教育对收入有相同的效应，但是已经有许多研究证实了事实并非如此（例如 Blau, Ferber and Winkler, 1998）。假定研究希望将这些变量的交互项加入方程，因此允许教育和经验对收入的影响因性别而不同。一个解决方法是将性别项分别与教育、经验和经验的平方项的交叉项加入方程。问题是所得的七项 $S_j$ 无法清楚分解为教育、经验和性别的组成部分（Fields, 2003）。另一种方法就是分别回归女性和男性的收入方程，然后将全部样本中的不平等定义为男性之间、女性之间、男女之间的不平等。这种解决方法的问题在于允许相互影响的存在，使得这样的分解仍然是十分宽泛的，并且对于所选择的不同的不平等度量而言，结果可能不一致。

---

① 例如自评健康状况、职业、产业等。
② 例如经验和经验的平方。
③ 例如教育和经验的交叉项、教育和健康的交叉项。

### 3. 经验分析：健康对工资不平等变化的贡献

已经有许多研究都证实了改革开放以来中国经历了显著的收入不平等上升的过程，并且这个过程还在持续（赵人伟、李实，1997；陈宗胜，2002；李实、罗楚亮，2007；李实，2009）。对于不平等的原因，研究者们从非人力资本和人力资本角度给出了多方面的解释。本部分在前面两部分发展的方法基础上具体量化各变量对某一时点上劳动工资不平等的具体贡献大小（水平问题）和对劳动工资不平等的上升的贡献（差异问题）。时点分别选择2000年和2006年，分析医疗改革试点开始前和开始后，健康与工资不平等的变化情况。

根据对于工资差异分解研究的文献（Katz and Murphy, 1992；Juhn, Murphy, and Pierce, 1993；Blau, 1998；Fields, 2003）样本和变量定义如下。样本包含的是16—59岁全职的领取工资收入的男性和女性。因变量使用周工资的对数，自变量包括：性别（虚拟变量）、教育（四个虚拟变量或者连续变量）、经验及其平方、职业（虚拟变量）、部门（虚拟变量）、所在地区（虚拟变量）、健康状况（虚拟变量或者QWB）、户口（虚拟变量）。两个年份各变量的统计性描述见表6—12。

表6—12 各变量描述

| 变量组 | 独立变量 | 2000 | | 2006 | |
|---|---|---|---|---|---|
| | | 均值 | | | 标准差 |
| 教育 | 教育年限 | 10.4635 | 3.2268 | 10.5164 | 3.3484 |
| 月工资 | 月工资 | 892.2291 | 870.2615 | 1159.8440 | 2191.5090 |
| 经验 | 经验 | 24.1504 | 11.5523 | 25.0481 | 11.6751 |
| | 经验平方 | 716.6286 | 615.0285 | 763.6464 | 640.8656 |
| 性别 | 女性 | 0.4074 | 0.4915 | 0.3993 | 0.4899 |
| | 男性 | 0.5926 | 0.4915 | 0.6007 | 0.4899 |
| 职业 | 技术人员 | 0.341 | 0.4705 | 0.3091 | 0.4582 |
| | 一般人员 | 0.6591 | 0.4741 | 0.6909 | 0.4622 |

(续表)

| 变量组 | 独立变量 | 2000 | | 2006 | |
|---|---|---|---|---|---|
| | | 均值 | | 标准差 | |
| 所在单位类型 | 国有 | 0.5013 | 0.5001 | 0.4441 | 0.4970 |
| | 集体 | 0.1222 | 0.3276 | 0.1088 | 0.3115 |
| | 私有 | 0.3460 | 0.4734 | 0.4175 | 0.4919 |
| | 三资 | 0.0306 | 0.1722 | 0.0298 | 0.1701 |
| 户口 | 农村 | 0.2670 | 0.4425 | 0.3190 | 0.4662 |
| | 城镇 | 0.7330 | 0.4425 | 0.6810 | 0.4662 |
| 地区 | 北部 | 0.2358 | 0.4246 | 0.2320 | 0.4222 |
| | 中部 | 0.3888 | 0.4876 | 0.4117 | 0.4922 |
| | 东部 | 0.1929 | 0.3946 | 0.1904 | 0.3926 |
| | 西部 | 0.1825 | 0.3864 | 0.1659 | 0.3720 |
| 健康状况 | 很好 | 0.1805 | 0.3847 | 0.1994 | 0.3997 |
| | 好 | 0.5465 | 0.4980 | 0.5326 | 0.4991 |
| | 一般 | 0.2539 | 0.4353 | 0.2460 | 0.4308 |
| | 差 | 0.0191 | 0.1370 | 0.0220 | 0.1469 |

根据2000年和2006年的数据计算，中国的收入不平等状况明显上升。以基尼系数为例，2000年为0.45，而2006年则上升为0.52（见表7—3）。

分解的第一步是分别对两个年份的工资方程进行回归。方程是关于性别、教育、经验、健康、职业、单位性质、所在地区和户口的线性函数。经验结果在下表6—13给出。可以看出，在两个年份中，选入方程中的其他人力资本因素变量都显著，但是健康变量有些并不显著，所有这些变量联合解释了2000年工资对数方差的19.5%和2006年的18.33%（见表6—13）。

表6—13　2000年和2006年工资方程回归结果

| 变量组 | 独立变量 | 2000 | | 2006 | |
|---|---|---|---|---|---|
| | | 系数 | T值 | 系数 | T值 |
| 教育 | 教育年限 | 0.0424 | 8.1700 | 0.0504 | 12.3500 |
| 经验 | 经验 | 0.0218 | 5.6200 | 0.0131 | 4.5300 |
| | 经验平方 | −0.0004 | −5.4300 | −0.0002 | −3.6700 |
| 性别 | 女性 | −0.1709 | −6.8400 | −0.2151 | −10.9200 |
| 职业 | 技术人员 | 0.1165 | 3.8900 | 0.1428 | 5.7600 |
| 所在单位类型(国有为对照组) | 集体 | −0.1552 | −3.7900 | −0.1764 | −5.2500 |
| | 私有 | −0.0258 | −1.8100 | 0.0321 | 1.3700 |
| | 三资 | 0.1205 | 1.6500 | 0.1317 | 2.2200 |
| 户口 | 农村 | −0.0767 | −2.4400 | −0.0607 | −2.7000 |
| 地区（东部为对照组） | 北部 | −0.1537 | −3.8600 | −0.1104 | −3.6000 |
| | 中部 | −0.2372 | −6.7300 | −0.1425 | −5.1300 |
| | 西部 | −0.2829 | −7.0200 | −0.2766 | −8.6100 |
| 健康状况（差为对照组） | 很好 | 0.0922 | 1.9100 | 0.1598 | 2.4300 |
| | 好 | 0.1093 | 1.8400 | 0.1208 | 1.9500 |
| | 一般 | 0.0709 | 0.7900 | 0.1157 | 1.7800 |
| 常数项 | | 6.0776 | 48.3100 | 6.1687 | 65.6000 |
| 调整 $R^2$ | | 0.1950 | | 0.1833 | |
| F | | 28.7600 | | 49.2900 | |
| 样本观察值 | | 1900 | | 3340 | |

水平问题是：在这些统计性显著的变量中，在解释2000年和2006年水平工资不平等中，这些变量的重要程度？表6—14的前两列回答了这个问题。2000年的结果显示除了残差项，教育是最重要的变量，其不平等因子权重为7.28%，经验和健康的不平等因子权重分别为1.56%和1.17%。2006年健康的不平等权重为1.27%。虽然健康在不平等的贡献中权重不及教育大，但是也不容忽视。

基尼系数从2000年的0.331上升为2006年的0.3715，因此需要明白工资不平等上升中有多少可以归结为这些因素（即差异问题）。分解结果依然显示，对工资不平等变化贡献最大的是残差不平等。除此之外，教育依然是推动工资不平等的最重要因素。使用基尼系数作为不平等指标的结果显示，健康在基尼系数增加中的贡献为 9.42%，使用对数方差的结果显示，健康在其上升过程中的作用为 7.66%。结果还显示了，户口、地区、单位类型对工资不平等上升有抑制作用。

表 6—14　每一个解释变量对工资不平等和不平等变化的贡献

|  | $S_j(\ln Y)$ 2000 年 | $S_j(\ln Y)$ 2006 年 | $\pi_j(Gini)$ 2000—2006 年 | $\pi_j(\log var)$ 2000—2006 年 |
| --- | --- | --- | --- | --- |
| 教育 | 0.0728 | 0.0807 | 0.3583 | 0.3264 |
| 经验 | 0.0156 | 0.0031 | 0.050 | 0.043 |
| 健康 | 0.0117 | 0.0127 | 0.0942 | 0.0766 |
| 性别 | 0.0216 | 0.0283 | 0.1171 | 0.097 |
| 职业 | 0.0207 | 0.0226 | 0.142 | 0.11 |
| 单位类型 | 0.0146 | 0.0097 | -0.2235 | -0.174 |
| 地区 | 0.0261 | 0.0188 | -0.1466 | -0.1204 |
| 户口 | 0.0118 | 0.008 | -0.2371 | -0.1859 |
| 残差 | 0.8054 | 0.8162 | 0.8422 | 0.8273 |

## （四）健康对教育的影响

我们在一个健康的模型中考虑健康状况对最大教育选择的影响（Timothy，1984）。假设一个人的潜在工作年限为 T 年，忽略学校简化市场劳动，那么这个人的总收入可以表示如下：

$$V = \int_S^T e^{-rt} f(H,S) dt \tag{1}$$

其中 r 是利率，H 是健康存量（外生），S 是在学校的时间，假设 $f_H$ 和 $f_S$ 是正的（下标表示偏导数）。假定 $f(H,S) = y(H) \cdot g(S)$，并且 $y_H$ 和 $y_S$ 都是正的。这个模型类似于 Weiss（1971）的模型，不同的地方在于：(1) 他的模型还考虑了个人能力对学校教育的影响，(2) 他忽略了直接的学校成本。Weiss（1971）发现能力对教育的影响是不确定的，在将收入函数单独表示为能力和教育时，能力对教育没有任何影响，这个结果是由于忽视了教育的直接成本。假定直接的教育成本为 $c \cdot S$，其中 $c$ 是常数，那么个人的效用最大化选择为：

$$V = \int_S^T e^{-rt} y(H) g(S) dt - cS \tag{2}$$

$$V_S = \int_S^T e^{-rt} y(H) g_S - e^{-rS} y(H) g(S) - c = 0 \tag{3}$$

从而可以得出 $\dfrac{dS^*}{dH} = \dfrac{V_{SH}}{-V_{SS}}$ (4)

其中 $S^*$ 是理想的教育水平，因为最大化的条件是 $V_{SS}$ 为负，那么如果 $V_{SH}$ 是正的话，上面的等式为正。

则从等式3中有 $V_{SH} = \int_S^T e^{-rt} y_H g_S dt - e^{-rS} y_H g(S) = \dfrac{y_H}{y(H)} \cdot c > 0$ (5)

由于选择教育会导致在受教育这个阶段一定的收入损失，而当健康存量增加时，教育的边际回报也增加。所以可以认为当健康存量增加时，教育回报和收入损失都是在增加。但是由于收入损失要少于总教育回报，因此净教育回报还是会随着健康存量增加而增加。据此可以作出预测，那些健康受限的人其最佳的受教育时间也较少。

## 七、健康投资的再分配效应

上一章分析认为中国的公共健康和个人健康投资对收入差距的扩大起到了推波助澜的作用。"公正的基本原则要求人们更加平等地分配医疗资源，但是由于对社会上的低收入群体而言，缺乏的东西不单单是医疗，因此这就使得问题复杂化了。传统的经济理论认为较好的方法就是由政府对收入进行再分配，提高低收入群体的收入，增加他们的可支配收入，那么由低收入群体根据各自的效用和偏好选择自己的商品和服务购买顺序。但是，在实际操作中，研究证明对服务进行再分配（例如医疗服务）比通过收入再分配更容易达到增进公平的目的"（福克斯，1983）。而如果公共服务分配上也存在不平等现象，那么对于收入分配不仅无益于缩小，反而会起到推波助澜的作用。筹资充足和管理良好的医疗保障，通过风险分担机制，既能防止非穷人由于大额医疗支出而陷入贫穷，也能防止穷人因为治病而变得更穷（朱玲，2008），从而起到缩小不同群体之间收入差距的作用。公共卫生投资在整个医疗卫生体系中的分配方式，决定了它对不同人群的补贴，其基本原则应该是使得低风险人群补贴高风险人群。但由于健康风险在人群中的大小是很难识别的，因此只能根据不同收入群体获得的医疗补贴来衡量卫生投资是否合理。如果假定不同收入群体的健康风险一样，那么可以认为合理的共公医疗卫生投资效果如下：

低收入群体获得的投入与高收入群体获得的投入大小一样。因此，可以根据不同收入群体获得的医疗投入大小来衡量医疗投入分配的合理性，这种分配其实是根据不同收入群体面临的健康风险来分配医疗卫生投入。

健康作为人力资本的一种重要要素，在内生增长理论中一直被看作是推动经济发展的重要因素。在第一篇关于人力资本的文章中，Schultz（1961）就讨论了将健康包含在人力资本中的可能性，这也是 Grossman（1972）关于政府投资健康的理论研究基础。将健康作为人力资本变量处理，Ehrlich and Becker（1972）和 Ehrlich（2000）都提出过关于最佳保险和自我保险分析的理论框架。他们的研究发现由公共财政全额支付医疗保险有助于提高人群中的健康水平（降低死亡率），增加对生命保护的需求，缩小预期寿命的不平等。而且更重要的是：公共医疗保险的供给是一个公平问题。鉴于死亡和伤残发生的几率分布不均，公共、免费和普遍的医疗保险作为公平的补贴并不需要在人群中平均分配。医疗保险项目意在保证穷人和富人之间医疗可及性的平等，对此的评估可以检验政策的有效性，因此社会政策制定者们可能对医疗保险项目的分配效应评估更感兴趣。评估工作需要对医疗服务的一系列延伸支出进行关联分析，也可以看作是实物转移和包括公共卫生支出在内的扩展的收入分配分析。

不同于纯公共物品，医疗保健消费是竞争性和排他性的，这点更接近于私人物品的特征。然而在卫生保健制度是完全公共提供的制度下，每个人都应当被医疗保险覆盖。在不同社会经济地位的人之间，事前意义上的医疗保健公平还可以做到，但是即使在许多实行公共财政全额资助医疗保险的欧洲国家，也无法做到事后医疗保险可及性的公平，因为有几个因素可能会限制有效获得医疗保险，例如医疗保健供应机制僵化、低效和质量不佳（Bourguignon and Spadaro，2012）。

一个国家的卫生保健体系对再分配的影响路径不仅仅只有医疗保健筹资。医疗保健本身的分布对当期和动态的经济福祉分布都有显著影响，原因在于医疗保健影响个人健康，而健康又影响多种经济机会（Bloom and Canning，2000）。了解不同经济社会地位的人群中医疗支出分布是一项有挑战性的工作，在研究之前需要一些研究假设。已经有一些研究分析了医疗筹资的再分配效应，大多数研究集中在医疗保健消费的分布研究上，很少有研究考虑到医疗保险覆盖率的维度。本部分我们使用更加丰富的微观调查数据，从家庭总支出的角度计算健康支出，从而考察私人和公共的卫生支付的分配效应。张车伟（2003）使用中国贫困地区信贷和贫困调查数据，证实了几乎所有营养和健康指标都影响农民的劳动生产率。刘国恩（2004）等人使用中国营养健康数据估计家庭为基础的个人收入生产函数，认为个人健康是决定收入的重要因素，而且这个因素在农村比在城镇重要。高梦滔、姚洋（2005）通过使用中国8个省份、1354个农户、跨度15年的微观面板数据，测算了大病冲击对农户长期收入的影响，大病冲击使得患病户人均纯收入平均降低5%—6%。使用微观调查数据的研究基本证实了初始健康状况越好，收入越高（苑会娜，2009；田艳芳，2013）。

当前的研究基本可以证实个人健康有着较为显著的收入初次分配效应，因此政策制定者应更加关注个人健康的再分配效应。医疗保健是提升个人健康状况的必要手段，医疗保健支出的分布对当期和动态的收入分布都有显著影响（Bloom and Canning, 2000）。如果医疗保健成为一项必要支出（与滑雪旅行相比），并且与低收入相连了，那么私人支出比重过大必定会导致可支配收入不平等的上升，并最终导致健康不平等的上升（Wagstaff, 2003）。增加公共财政支出中医疗保健支出份额有可能限制或者扭转这种效应，这一方面政府可以有所作为（Wagstaff and Lindelow, 2008）。

## （一）卫生支付的再分配效应分解方法

卫生支付的公平性集中反映了社会的医疗保险体系对家庭在应对健康风险方面的保护程度。卫生支付资金来源一般分为四个种类：税收、社会保险、商业保险、个人支付。卫生支付的公平性主要分为两种：垂直公平，有不同支付能力的人作出不同的贡献——支付不同的医疗费用；水平公平，具有相同支付能力的人做出相同的贡献——支付相同的费用。主要衡量指标包括以下几种。

### 1. 卫生筹资公平性指数

该指标首先计算家庭卫生总支出，包括通过税收支付的卫生支出、社会医疗保险费、私人健康保险费、获得卫生服务时的直接现金支付等。然

后计算家庭卫生筹资负担率,即家庭卫生总支出占家庭可支付能力的比重

$$HFC_h = \frac{HE_h}{CTP_h}。$$

在家庭卫生筹资负担贡献率的基础上就可以计算卫生筹资公平性指数(FFC):

$$FFC = 1 - \sqrt[3]{\frac{\sum_{h=1}^{n} w_h \mid HFC_h - HFC_0 \mid^3}{\sum w_h}}$$

卫生筹资公平性指数(FFC)的取值范围在0—1之间,一个国家的卫生筹资系统越公平,FFC就越近于1。

该指数只能测算出HFC的离散程度,不能反映HFC在不同收入阶层的分布差异,因此不能直接从医疗支出与收入之间的分布差异来反映医疗支出的公平性。

### 2. 卫生支付的垂直不平等

衡量医疗筹资的公平性的基本原则是医疗支出在多大程度上依赖于个人的支付能力,因此理想的测量医疗筹资公平性的指数应该包括收入分布和医疗支出分布两个方面的内容。根据这一原则,Wagstaff(1989)提出了Kakwani指数来度量医疗筹资的公平。

Kakwani指数的公式:$\pi_k = C_{pay} - G_{pre}$,其中$G_{pre}$表示医疗支付之前的收入的基尼系数,它代表了医疗支出之前的收入分布情况,$C_{pay}$表示医疗支付的集中指数,代表了医疗支出的分布情况,在这里集中指数是根据医疗支出之前的收入排序,计算医疗支出额累计比例。因此,Kakwani表示从医疗支出的集中程度中扣除了收入本身的集中程度之后的那一部分不平等。

如果$G_{pre}$是支付前各收入组的洛沦兹曲线,$C_{pay}$是支付的集中曲线,那么Kakwani指数就是两条曲线之间的面积的2倍。如果$\pi_k > 0$,医疗支付是累进性,就是支付能力高的人,支付了更多的医疗费用。$\pi_k < 0$,累退

性，就是支付能力高的人，反而支付了更少的医疗费用。$\pi_k$ 的取值范围是 ($-1—1$)。

Kakwani 指数是目前度量医疗支出垂直公平的最主要指标，是研究医疗公平性的重要指数。

### 3. 卫生支付的水平不平等

卫生支付的水平公平性指具有相同支付能力的人最终支付了相同的卫生费用。因此，水平不平等指具有相同支付能力的人却支付不同的卫生费用。造成水平不平等的原因很多。商业保险中，原因在于逆向选择，健康高风险的人要支付更高的保险费用；由于个人隐瞒收入，征税时候无法正确识别个人所属的收入等级，因此对于那些相同收入的人适用了不同的税率；另一个就是社会保险体制的分割，不同群体适用不同的医疗卫生体制。

$H = \sum \alpha_x G_{F(x)}$，其中 $G_{F(x)}$ 表示卫生支付前收入水平为 x 的家庭，在支付卫生费用之后的基尼系数，该基尼系数度量每个收入组的组内不平等；$\alpha_x$ 是权数，等于每组人口比例乘以这些家庭支付卫生费用之后的收入的比例。

### 4. 再分配效应度量

度量一种强制支付的再分配效应的一个方法是比较支付前和支付后收入的不平等程度——以基尼系数为度量（Lambert，1989）。为了清楚医疗卫生支付对收入不平等的影响作用，采用 Wagstaff, A. 等（1999）的方法，而他们的分解方法是在 Aronson（1994）的基础上建立起来的。如果有在住户层面上关于收入、私人卫生支付和税收支付的数据，则可以用来计算再分配效应。税收比例定义为家庭对公共卫生财政的贡献。需要计算两个基尼系数，分别是卫生支出前的可支配收入和卫生支付后的可支配收入。卫生支付前的可支配收入就是家庭可支配收入（通常使用未支付税收之前的收入),而卫生支付后可支配收入则通常使用家庭可支配收入减去家庭私人卫生支付。后者度量的是在所有的医疗支付扣除后家庭的购买能力,而前者度量的是所有的医疗卫生支付扣除前的购买力。

有了这两个收入,则再分配效应可以定义为由于卫生支付引起的基尼系数的减小,表示为:$RE = GINI_{pre} - GINI_{post}$。

其中 $GINI_{pre}$ 和 $GINI_{post}$ 分别表示支付前的基尼系数和支付后的基尼系数。每个基尼系数的取值范围为(0—1)之间,所以 RE 的取值范围为(-1,1)之间。基尼系数值越大,收入分配越不公平,因此正的 RE 表明收入不平等程度的改善,而负的 RE 表明收入不平等程度的恶化。为理解上的方便,将正值的 RE 表示为有利于穷人的再分配,而负值指有利于富人的再分配。这种计算方法仅仅简单地意味着对收入不平等的影响,而不代表规范分析。Aronson,Johnson,and Lambert(1994)将这种差别表述为:$RE = V - H - R$。

其中 $V$ 是垂直再分配,$H$ 为水平不平等,$R$ 为重新排序后引起的不平等程度变化。因为在任何一个样本中,几乎不存在支付前收入相同的家庭,所以需要在支付前收入组别间人工制造一些支付能力相同的组别,以区分和卫生支付差别中的各组成部分。垂直再分配 V 本身可以被分解为支付率效应和累进效应:$V = \left[\dfrac{g}{1-g}\right]K_E$。

其中 g 是样本平均的支付率,$K_E$ 是卫生支付的 Kakwani 指数(Kakwani,1977),如果存在医疗支付的水平公平性,那么这个指数会上升①。水平不平等 H 由第 j 个组的支付后基尼系数 $GINI_{post,j}$ 的加权值来度量,权重是该组人口比例和支付后收入比例的乘积 $\alpha_j$,表示为:$H = \sum_j \alpha_j GINI_{post,j}$。

由于对于支付相同的每个组而言,其基尼系数非负,因此 H 也是非负的。由于其在卫生支付差别等式中是减项,因此水平不平等只能是减少再

---

① $K = C - G^X$,C 是不同组间支付的集中指数。

分配而不是扩大再分配。因此我们可以说，任何大小水平不平等都将使得支付后的收入再分配更加不平等。

卫生支付差别等式中最后一项 $R$ 指的是在从支付前向支付后转变的收入分配过程中家庭重新排序导致的不平等变化程度：$R = GINI_{post} - C_{post}$。

其中 $C_{post}$ 是支付后收入的集中指数。它来自于按照支付前收入对家庭进行第一次排序计算的支付后的集中指数。$R$ 也是非负的，因为支付后收入的集中曲线不可能位于支付后收入洛伦兹曲线的下方，如果没有重新排序，那么这两条曲线应该是重合的。

总的再分配效应可以被分解为四个组成部分：平均率效应（$g$），累进效应（$K_E$），水平不平等效应 $H$ 和重新排序效应 $R$（Owen O'Donnell，2008）。具体分解要求任意选择收入间隔以定义"平等"。尽管这个选择并不会影响总的 $H+R$，但是却会影响 $H$ 和 $R$ 之间的相对值。即：收入间隔越大，则水平不平等会越大，重新排序后的估计越小（Aronson, Johnson and Lambert, 1994）。

## （二）我国 1989—2009 年卫生支付的再分配效应分解

2000 年以前，我国医疗保险的模式的特点是多样化，但是几乎没有商业保险的存在，城市人口主要以公费医疗和劳保医疗为主，而农村人口则几乎无医疗保险，直接暴露在医疗风险之中，由下表可以看出，2000 年以前，我国农村居民的医疗保险参与率不到 20%，城市中由于城镇职工医疗保险作为一种与就业挂钩的保险形式成为城镇医疗保险的主要形式，因此城市居民医疗保险参与率一直高于农村居民。2006 年以后，随着新农村合作医疗试点和在全国的推广，合作医疗参与人数不断增加，医疗保险覆盖率不断攀升。调查样本中，2009 年回答有医疗保险的占到 89.22%，覆盖比率已经大大提高，新农村合作医疗的实行使得农村居民医疗保险参与率大幅度提高，达到 91.3%，高于城市居民。

表 7—1 医疗保险覆盖情况

| 年份 | 商业保险 | 公费医疗 | 劳保医疗 | 家属保险 | 合作医疗 | 统筹医疗 | 妇幼保险 | 其他保险 | 比重 |
|---|---|---|---|---|---|---|---|---|---|
| 1989（城市） | 0 | 1421 | 756 | 197 | 79 | 80 | 28 | 41 | 0.526 |
| 1991（城市） | 0 | 1229 | 804 | 184 | 53 | 31 | 2 | 80 | 0.558 |
| 1993（城市） | 0 | 1007 | 485 | 94 | 50 | 16 | 2 | 10 | 0.446 |
| 1997（城市） | 0 | 836 | 410 | 44 | 104 | 55 | 11 | 43 | 0.371 |
| 2000（城市） | 881 | 759 | 428 | 16 | 114 | 40 | 3 | 24 | 0.527 |
| 2004（城市） | 191 | 537 | 324 | 16 | 30 | 384 | 8 | 24 | 0.430 |
| 2006（城市） | 149 | 286 | 0 | 0 | 251 | 6 | 7 | 21 | 0.556 |
| 1989（农村） | 0 | 491 | 252 | 100 | 339 | 10 | 123 | 94 | 0.129 |
| 1991（农村） | 0 | 464 | 220 | 75 | 505 | 4 | 9 | 10 | 0.155 |
| 1993（农村） | 0 | 451 | 197 | 64 | 23 | 342 | 4 | 99 | 0.140 |
| 1997（农村） | 0 | 299 | 131 | 24 | 1075 | 45 | 5 | 76 | 0.171 |
| 2000（农村） | 810 | 330 | 128 | 21 | 645 | 26 | 5 | 44 | 0.194 |
| 2004（农村） | 265 | 243 | 146 | 22 | 861 | 84 | 10 | 89 | 0.208 |
| 2006（农村） | 253 | 104 | 0 | 0 | 2915 | 6 | 10 | 99 | 0.492 |
| 2009（城市） | 219 | 207 | 1163 | | 1624 | | | | 0.8532 |
| 2009（农村） | 232 | 164 | 578 | | 5971 | | | | 0.913 |

注：2009年的数据中，城镇居民保险和农村合作医疗保险合并为合作医疗，劳保医疗为城镇职工医疗保险。

虽然医疗保险覆盖率已经大幅度提高，但是这并不能说明人们的医疗卫生负担大大减轻，还需要对比分析医疗支出的比例，需要看个人自付的医疗支出有多少，以此判断个人医疗负担。自付医疗支出是从总的医疗支出中减去保险支付的金额。由下表可以看出，虽然医疗保险参与率不断提高，但是个人在过去四周生病的费用支出中，个人支付的支出比例并没有大幅度降低，而且这个比例还上升了，当然可能数据中有一些生病费用较低，未到达给付标准，所以自费比例就是100%。

表7—2 医疗支出的构成统计

| 年份 | 总构成 总筹资(%) | 自付支出(%) | 保险支出(%) |
|---|---|---|---|
| 1989 | 100 | 64.43 | 35.57 |
| 1991 | 100 | 57.55 | 42.45 |
| 1993 | 100 | 61.50 | 38.50 |
| 1997 | 100 | 63.13 | 36.87 |
| 2000 | 100 | 65.85 | 34.15 |
| 2004 | 100 | 68.31 | 31.69 |
| 2006 | 100 | 75.35 | 24.65 |
| 2009 | 100 | 78.48 | 21.52 |

从我国医疗支出的构成来看，自付医疗支出是最主要的形式。初次分配中的不平等往往需要再分配来调节。那么医疗卫生支付方面是否存在再分配效应，这个再分配是有利于穷人，起到缩小收入差距的作用，还是有利于富人，起到进一步扩大收入差距的作用呢？医疗卫生支付可能对可支配收入有再分配作用。这种再分配效应可能是有意的也可能是无意的行为。但即使是无意的，政策制定者也可能对医疗卫生支出进而福利再分配的后果感兴趣。当对医疗卫生支付是强制性的并且独立于对其的利用时，再分配就会发生，尤其是当医疗卫生支付部分来源于政府税收时。如果税率随着总收入增加而高比例上升时，税后的收入再分配相对于税前的要公平些。如果卫生支付是自愿的，那么它对经济福利的再分配效应就不存在。

再分配可以是水平的也可以是垂直的。当实际支付相对于支付能力不成比例时就是垂直再分配，水平再分配是指人们支付贡献相同但是医疗卫生支出却不平等。

表7—3 卫生支出的再分配效应

| 年份 | 基尼系数 | 集中指数 | | Kakwani | |
|---|---|---|---|---|---|
| | | 自付支出 | 保险支出 | 自付支出 | 保险支出 |
| 1989 | 0.39 | -0.03 | 0.19 | -0.42 | -0.2 |
| 1991 | 0.36 | -0.02 | 0.34 | -0.38 | -0.02 |
| 1993 | 0.41 | 0.09 | 0.24 | -0.31 | -0.17 |
| 1997 | 0.4 | 0.07 | 0.42 | -0.33 | 0.02 |
| 2000 | 0.45 | 0.17 | 0.43 | -0.28 | -0.02 |
| 2004 | 0.49 | 0.09 | 0.43 | -0.39 | -0.05 |
| 2006 | 0.52 | 0.05 | 0.45 | -0.48 | -0.07 |
| 2009 | 0.55 | 0.06 | 0.44 | -0.52 | -0.08 |

从上表可以看到，基尼系数在过去的20年间迅速上升，从1989年的0.39上升到2009年的0.55。这表明收入不平等在不断增加，社会财富向富人聚集，贫富差距不断拉大。从医疗卫生支付角度而言，公平的制度意味着按照支付能力负担医疗费用，那么富人应该支付更多，因此各种医疗支出的集中指数应该快速增加。但是从上表可以看到，自付医疗支出的集中指数变化并不大。

与收入向富人集中的程度相比较，整个医疗体系的医疗支出都是向穷人集中的，这意味着我国卫生支出是累退性的，即：支付能力强的富人承担较少的医疗费用，而支付能力弱的穷人则负担了相对多的医疗费用。从上表也可以看到，各项筹资方式的Kakwani指数都是负数，自付医疗支出的Kakwani指数绝对值较大，且在不断增加，这意味着自费支付的累退性很强，低收入者面临的医疗负担依然很重。

国家政策需要的是将社会资源重新分配以倾向于弱势群体，但是遗憾的是从医疗支出这部分看，并未起到其应有的再分配作用，医疗支出再分配倾斜的是富人而不是穷人，经过医疗支出后的收入调节，社会不平等程度不是减轻而是加剧，医疗支出是累退性再分配政策。

由此可以看出，对于许多家庭而言，一旦发生健康风险，医疗卫生的自付支出给家庭经济带来重大负担。一项民政部的调查显示，对于中国居民而言，健康冲击事件（失业除外）是最可能致贫的事件。在一般最常报道的冲击事件中，作物收成不佳最多，家庭中工作成员生病为次，失去家畜为第三位。而最常见的冲击中家庭劳动力成员死亡则会产生最长期的影响。所以健康冲击事件通过家庭自付医疗支出影响家庭财产状况，从而起到再分配效应。再者，如前文分析认为自付医疗支出只是健康冲击事件影响家庭储蓄的一方面，另一方面是通过健康事件对家庭收入的影响。实际上，收益的效果可能在数量上比直接健康自付支出的效果还大（Adam Wagstaff，2007）。

"拯救我的生命不应该花费我一生的积蓄"，所以公平的医疗卫生体系不仅仅在于降低医疗卫生行业的成本，使得人人都可以支付得起，更应该着重于各支付方的承担比例。

## 八、研究结论与政策建议

### (一) 研究结论与展望

经济不平等的原因包含非人力资本因素和人力资本因素两部分,但是非人力资本因素对经济不平等的影响途径最终可以归结到人力资本因素上。

健康与教育是影响人力资本的两个重要因素。由于健康状况直接影响着个人受教育的水平,所以与教育相比,健康对人力资本的影响更为基础,但是却没有受到和教育一样重要的研究。

健康状况对人们的经济地位有多方面影响。本书通过健康对经济不平等的影响程度和影响途径的分析,揭示出健康通过影响人们的受教育水平、劳动参与、劳动时间和工资率进而影响人们之间的经济地位,健康投资差异是导致健康状况差别的重要原因。使用中国营养健康数据分析发现,在中国从居民健康状况到与健康直接相关的医疗服务利用方面都存在不平等情况,这种不平等源于健康投资差异。

### (二) 政策变迁与政策借鉴

#### 1. 我国公共卫生政策变迁

新中国成立至今,我国人群健康状况取得了巨大的进展,人均预期寿命从新中国成立初期的 35 岁提高到 2010 年的 74.8 岁,婴儿死亡率从

200‰下降到 2013 年的 10.3‰，孕产妇死亡率从 1500/10 万下降到 2012 年的 24.5/10 万，法定报告传染病发病率从上世纪 70 年代的 7061/10 万下降到 2011 年的 241/10 万。

2012 年孕产妇住院分娩率达到 99.2%，产前检查率达到 95%。人群普遍健康水平的提高，展现了我国公共卫生事业的重大进展和公共卫生投资的有效性。但是根据本书的分析结论，可以看出我国当前公共卫生领域存在的问题主要在于不平等问题。从数据分析显示我国医疗卫生投资存在重医疗、轻预防的方向，医疗保险报销重事后、轻事前，公共卫生投资不均等情况还是非常突出。我国公共卫生政策经过了几个阶段。

中国公共卫生政策的制定与经济社会发展和每一时期的国家总体发展战略紧密相关，新中国成立以来我国公共卫生政策经过以下几次大的变迁。

初期的福利型卫生政策（1949—1978），这一时期，经济上实行国家主导的计划经济体制，相应地公共卫生政策以公平性为主要原则，这一时期我国是世界上卫生领域最为公平的国家之一。随着经济体制改革的开展，我国打破计划经济，逐步走向市场经济，卫生政策主导性也变化。

市场化卫生政策（1978—2003），十一届三中全会以后，我国开始实行市场化为主导的经济改革，与此相应，1992 年 9 月，国务院下发《关于深化卫生医疗体制改革的几点意见》，1993 年 5 月召开全国医政工作会议，针对医院注重效益而忽视公益性的倾向，卫生部门内部也展开了一系列争论。1996 年 12 月 9 日，中共中央、国务院召开了新中国成立以来第一次全国卫生工作会议。此次会议为下一步卫生改革工作的开展打下了坚实的基础，1997 年颁布《中共中央、国务院关于卫生改革与发展的决定》，决定指出在保证完成基本卫生服务任务的前提下，医疗机构可开展与业务相关的服务，预防保健机构可以适当开展有偿服务，以适应不同层次的社会需求，同时要加强监督管理。这个决定指明了这一阶段我国市场化卫生政策的定位：要适应社会主义市场经济的发展，遵循卫生事业发展的内在规律，逐步建立起宏观调控有力、微观运行富有生机的新机制。这一时期也是我国卫生领域不平等严重扩大的阶段，医疗卫生成为整个社会矛盾最多的领域。随着2003年"非典"的大规模爆发，医疗卫生市场化的恶果突显，调整和改革到了刻不容缓的地步。

保障型卫生政策（2003—），突发性公共卫生事件的发生和公共卫生领域聚集的矛盾使得改革迅速展开。2009年，政府制定发布了《关于深化医药卫生体制改革的意见》和《关于医药卫生体制改革近期重点实施方案》，启动了新一轮医药卫生体制改革，强调把基本医疗卫生制度作为公共产品向全民提供，实现人人享有基本医疗卫生服务的总要求。2013年召开的十八届三中全会审议通过了《中共中央关于全面深化改革若干重大问题的决定》，决定指出要统筹推进医疗保障、医疗服务、公共卫生、药品供应、监管体制综合改革。改革医保支付方式，健全全民医保体系。决定确立了这一阶段卫生政策的目标是让人人享有医疗保障。同时指出要加快健全重特大疾病医疗保险和救助制度，减少"因病致贫"现象。

2009年4月，中共中央、国务院《关于深化医药卫生体制改革的意见》首次提出"基本公共卫生服务逐步均等化"的目标，将"促进基本公共卫生服务逐步均等化"作为《医药卫生体制改革近期重点实施方案（2009—2011）》的五项改革重点之一，《国家基本公共服务体系十二五规划》也明确了国家基本公共卫生服务项目，向城乡居民免费提供居民健康档案、健康教育、预防接种、传染病防治、儿童保健、孕产妇保健等11类服务项目，将农业转移人口及其他常住人口也纳入服务范围。但是城乡之间、不同地区和不同人群之间在卫生资源分配、卫生服务利用和健康水平等方面都还存在不小的差异。公共卫生服务不均等已经是我国当前和今后公共卫生事业发展的主要障碍和问题。因此，下一步的改革方向和目标，有必要借鉴其他国家在公共卫生服务均等化方面一些成功的经验。

### 2. 他山之石

（1）加拿大公共卫生政策经验

2012年加拿大人均卫生总支出为4676美元，卫生总支出占国内生产总值的10.9%，公平性与可及性是加拿大公共卫生制度的基本特征。公平性和可及性被认为是每个公民的基本权利。这种权利是受到宪法保护的。

宪法中规定公平的公共服务权利包含：居民享受到的福祉机会平等、通过经济发展减少机会差别，以及所有加拿大居民享有质量适度的基本公共服务。

《加拿大卫生法》规定，所有居民有免费享受必要医疗服务的权利。这些必要的医疗服务，包括几乎所有的医院、医生（包括某些口腔外科）和诊断服务以及省医保计划提供的初级保健服务。这种公平性也不是一开始就有的，在 1947 年以前，加拿大实行的是私营医疗保险体制，患者是否能得到医疗服务取决于其经济承受能力。1947 年，加拿大萨省（Saskatchewan）率先试点公立医院免费医疗。1957 年，加拿大联邦政府出台第一部卫生法《医院保险与诊断服务法》，提出由联邦政府和省政府按 1∶1 的比例，共同负担诊断费和住院治疗费。1960 年，加拿大所有十个省和三个地区先后签署了公费医疗保险计划协议。之后，萨省将私人医生门诊费用也纳入公费医疗计划内。1968 年，联邦政府制定《医疗保健法》，规定联邦政府与省政府也以 1∶1 的比例共同承担院外医疗服务费用。1972 年，加拿大各省及地区都已实现将私人医生纳入公费医疗体系，初步实现了全国范围内实行全面公费医疗保险的目标。1984 年，联邦政府通过了《加拿大卫生法》，确立了联邦政府、省特区政府为提供医疗保健服务各自的职责和任务。

1984 年的《加拿大卫生法案》提出了医疗保障系统的五项基本原则：

一是系统管理的公共性。每个省的医疗保障计划应该由一个非营利性的，并对政府负责的公共管理机构管理。因此，各省区政府卫生部门便成为保障系统的管理单位。

二是医疗保健项目的全面性。各省医疗保障计划应提供广泛的医疗服务，保障项目涵盖住院服务、家庭医生保健服务及相应的诊断检查等。

三是覆盖人群的广泛性。全体居民（包括加拿大公民、永久居民，以及持有特定的居留身份的非永久性居民等）都有享受此保障系统的权利，并都能享有相应的医疗服务。

四是系统使用的无障碍性。这里所说的障碍包括自然和社会两方面对公民就医有影响的因素。任何公民都不会因种族、经济、身体健康等原因，在接受医疗卫生服务时受到制约。

五是系统使用权的通用性。鉴于国家体制的联邦性，各省区拥有各自系统的管理权，但要求各省区的保障体系是通用的，各省的医疗保障项目应包括省内居民临时在其他省就医所获得的卫生保健服务。

加拿大医疗卫生政策中，体现公平性的一个倾向是：全民平等，照顾弱者。对于65岁以上的老人和低收入家庭，无论住院与否，所有诊疗费用均由国家负担；65岁以下的个人只需承担非住院期间的处方药品费。实际上，65岁以上的老年人占加拿大总人口的比例约为14%，但却消耗了地方政府医疗总支出的44%。2008年，地方政府花在65岁以上老年人身上的医疗费为人均10742加元，而1岁至64岁民众的人均医疗开支为2097加元。虽然开支巨大，但是这些弱势群体恰恰是最需要照顾的人群，这些人也是最容易因病陷入贫困的人群。因此，向弱势群体的倾斜，对于缩小健康不平等，减少因健康造成的收入不平等都有极重要的现实意义。

(2) 澳大利亚公共卫生政策经验

自1901年建国以来，澳大利亚联邦政府不断改革和完善公共卫生体制，取得了令人瞩目的成就。2005年，84%的澳大利亚人自认为非常健康或健康。2011年，澳大利亚人均公共卫生支出为4069美元，公共卫生支出占卫生总费用比例达到68.5%，卫生总费用占GDP的9.0%。2012年，澳大利亚人均期望寿命男性为81岁，女性为85岁，各项卫生指标居于中上水平。澳大利亚政府在公共卫生政策中明确了"均等化"的概念，即强调公共卫生服务结果均等化，每个社会成员都能享受基本均等的公共卫生服务。

1958年，澳大利亚政府通过《公共卫生法》，把为全民提供基本医疗卫生保健服务当作一种责任，通过宪法明确规定各级政府应负的责任，而且愈来愈重视公共卫生中的合作性、公平性和协调性。1998年，澳大利亚将公共卫生界定为：公共卫生是通过社会有关组织的响应来保护和促进健康，预防疾病、伤害和残疾，即公共卫生是对人群健康的"有组织的努力"（organized effort）。2006年，根据公共卫生发展需要，澳大利亚卫生部长联席会议（AHMC）决定成立两个新的组织，澳大利亚健康保护委员会（AHPC）和澳大利亚人口健康发展首席委员会（APHDPC），取代原全国公共卫生联盟。澳大利亚的卫生服务供给体系主要由医院与社区两大部分组成，而公共卫生服务体系是由公立医院、私人医疗机构、非营利医疗机构、妇幼保健、老年服务、精神卫生、全科医生诊所和社区卫生服务中心组成。联邦政府的总体思路是培育多元化的机制，促进多元化组分之间的互补、制约和竞争，从而最终提高卫生服务提供的质量，改善卫生服务的效率、效益和公平性。

澳大利亚政府一贯坚持的观点是，既然各州和地方居民按照相同的个人所得税法纳税，那么他们所享用的公共卫生服务水平就不应该存在明显的差异。联邦政府通过税收筹集卫生经费，建立以"医疗照顾"和"药品补贴计划"为重点的全民医疗保障制度，保证了人民的基本门诊医疗服务和社区药品服务需求，并通过定期与州/特区政府签订卫生服务协议（Australian Health Care Agreements）、公共卫生产出协议（Public Health Outcome Funding Agreements），提供资金并进行绩效考核。为了实现对各州/特区分配资金的有效性和公平性，联邦政府使用了"资源分配公式"，含四个因素：一是该州/特区的公共卫生支出能力不足因子（Disability Factors for Public Health Expenditure），即人均公共卫生支出与全国人均公共卫生支出之比，占60%的权重；二是社会经济状况，占20%的权重；三是标准死亡率比值（Standardized Mortality Ratio），占15%的权重；四是原住民指数（Indigenous Australians Indices），占5%的权重。澳大利亚在1996年7月开始的全国卫生运动中沿用了世界卫生组织"人人享有卫生保健政策"中的概念，进一步确立了公共卫生服务均等化的理念，并且确定了六个优先干预的领域，包括心血管疾病、癌症、伤害、精神卫生问题、糖尿病和哮喘。在提高服务的可及性上，澳大利亚有两党协议，即通过剔除进入卫生服务系统的经济壁垒，从而保证公共卫生与医疗服务的普及使用。

澳大利亚公共卫生政策的公平性，不仅体现在公共卫生服务的全民均等化上，还体现在注重保障弱势人群权益上。澳大利亚卫生服务的提供基于人群的健康需要，而不是支付能力，即"相同的需要、相同的可及"，面临更多健康危险或收入更低的人群应该得到更多的服务。澳大利亚人口总体健康状况位于世界较好水平，但是澳大利亚34%的人口生活在农村和偏远地区，其中原住民占相当比例，原住民的平均期望寿命比普通人群少17岁。据2001年统计，50%以上居住在农村和偏远地区的人口属于全国最贫困群体。这些人群社会经济地位较低，健康问题相对突出。在偏远地区，澳大利亚政府致力于控制疾病危险因素的影响，如吸烟、肥胖、酗酒和锻炼过少等；将慢性疾病的预防、管理和监测作为重中之重。将偏远地区老年人、土著人、残疾人、长期慢性病患者等群体作为公共卫生干预的重点人群，积极对这些重点人群的健康状况开展定期监测，加大疾病的早期发现力度。在专业人员不足的偏远地区，澳大利亚政府通过一次性安置补助、培训补助、继续教育补助、偏远地区医学生支持补助等项目鼓励和支持其他社会人员参与公共卫生干预工作。此外，联邦政府的人类服务部对弱势群体提供诸多服务，该部门代表10个联邦政府部门提供"一站式"服务，有五个独立运行的单位：澳大利亚健康照顾保险局、澳大利亚健康服务集团、儿童援助署、助听服务局和救济服务局。其中，救济服务局（Centrelink）值得一提，该体系直接面向全国符合条件的每位公民提供服务，对象包括刚出生孩子的父母、照顾儿童者、新移民、病伤残者、去世者等，这些服务采用网络、电话、传真等快捷手段，还为非英语人群提供六十种母语服务，甚至对符合条件人员离开澳大利亚时提供国际服务。关注弱势群体的健康问题，提高弱势人群的健康水平，有利于澳大利亚整体健康水平的提升。

（3）德国公共卫生政策经验

2011年，德国人均公共卫生支出为3698美元，公共卫生支出占卫生总费用的75.9%，卫生总费用占GDP的11.1%。2012年，德国男性预期寿命为78岁，女性预期寿命为83岁。德国公共卫生体制在提供卫生保健及其相关服务方面非常注重公平，不论年龄、收入和社会地位如何，所有公民都能保证得到公平的卫生保健服务，占总人口98%的公民都加入了法定的社会保险或私人医疗保险系统。德国的公共卫生体制具有明显的强制性和福利性，十分强调医疗资源的普及性和公平性，鼓励多元竞争，强调自我管理。

1871年俾斯麦执政以来，德国卫生体系得到了强大的国家支持。德国医疗卫生保障制度起源于1881年普鲁士政府制定的《社会保险法》，医疗保险制度的建立和发展已有百余年历史，是世界上医疗保险制度的首创国。1883年政府通过了《疾病保险法》，规定并保障所有收入低于固定标准的工人能够获得医师服务、药物和住院治疗，"二战"时已覆盖将近一半的人口。

德国的公共卫生服务由政府卫生行政部门直接组织，相关资金全部来自政府财政预算，各级政府根据各自的职能及需要分担投入。服务生产系统是由私人开业为主体的家庭医生组织、医院和公共卫生服务机构三大支柱组成。公共卫生服务机构负责公共卫生、传染病预防和管理，以及一些协调工作；妇幼卫生工作由私人医师、医院和独立的医师协会共同负责。居民可自由选择保险公司，形成了保险公司间的竞争；患者可自由选择诊所及医院，其费用个人负担部分不超过年收入2%，患病期间由保险公司付生活费。

公平的医疗保险缴费制度充分体现了德国公共卫生制度的公平性。在德国，实行个人、企业主、国家共同筹集保险基金。医疗保险筹资制度依据个人收入比例缴纳保险费，高收入者多缴纳、低收入者少缴纳，即缴费以收入而不依参保者的健康状况为参照。医疗保险缴费实行"封顶、保底"，高收入者可以参加私人医疗保险，对于收入低于一定限度的雇员，只由雇主缴费。其基本模式是互助式和代际转移式，即参加保险人员按本人收入缴纳，其中本人和雇主各承担50%，并已包括家庭其他成员的费用，老年人不缴纳保险费用，失业人员及从未就业者的缴费由劳动部门和社会救济机构承担。自1996年以来，为了鼓励竞争，要求疾病基金会对社会开放，职工可以在各基金会之间自主选择，以期减少基金会之间费率的差别。

德国公共卫生制度的公平性还体现在医疗管制模式方面。德国的政府医疗管制是一种政府与市场结合型模式，既能较好地实现医疗服务的相对公平，同时也能保证民众对于高质量和高水平医疗服务的享受。在德国，所有参加社会保险的人，在出现疾病问题后，不论其在哪一个法定保险机构投保，也不论费率及实际缴费额的高低，所享受到的医疗待遇水平是基本一致的。未参加社会医疗保险的人，因绝大部分都是高收入群体，所参加私人保险的保障水平也普遍较高。严格的社会性管制制度和准入管制机制，保证了医疗服务质量和医疗服务的可及性和公平性。比如，强制性医疗保险、严格的医疗服务质量评价制度和医院分级制度、有效的转诊制度和医疗服务规划制度等，都能够保证市场的公平性和可及性。再如，开业诊所及医院的建立，无论是地域布局，还是设备、技术水平的确定，都要严格执行政府规划。所以，不仅是服务的可及性得到了较好的保证，医疗卫生资源在城乡之间、地区之间的差异也很小，保证公共卫生制度的公平性。

（4）法国公共卫生政策经验

2011年，法国人均公共卫生支出为3800美元，公共卫生支出占卫生总费用的76.7%，卫生总费用占GDP比例为11.6%。2012年，法国男性预期寿命79岁，女性预期寿命为85岁，是全球平均寿命增长最快的国家，同时也是居民最长寿的国家之一。在2000年世界卫生组织的一份报告中，法国在世界各国的卫生制度的优越性排名中居第一。2001年，世界卫生组织把"世界最佳医疗保健组织"的称号授予了法国。法国之所以取得如此良好的国民健康结果，应该归功于公平的公共卫生制度，全体国民均享受平等的医疗卫生服务。

法国的医疗卫生保障制度创建于1945年，是根据社会保险原则而建立的"全民健康保险"制度，在《社会保障法》、《医院法》等一系列有关全民健康保险政策和法令中明确了法国全民健康保险的组织结构、范围与作用，使全民健康保险日益社会化和普及化，覆盖了全法99.8%的人口。法国医疗保险体系的基本原则是：①每位合法固定居住在法国的社会成员（包括外国人）都有权利享受社会保障，并且按照其劳动收入缴纳社会保险费，然后依据其健康状况获得保险金赔付。②社会统一性。国家制定全国统一的社会保险政策标准，统一征收、赔付、服务。③社会统筹性。利用专门的社会保险系统实行社会统筹共济，提供获得医疗服务的保障。④保险的广泛性。基于公共服务的社会公平原则，推行全民保险，包括没有收入没有缴费的人。法国的医疗卫生保障制度保证了不分贫富、城乡、在职或失业的法国人都享有基本的医疗。

法国公共卫生政策的宗旨是使全体国民享受平等的医疗服务，这个目标在医疗保险的改革中充分体现出来。法国于 1998 年确定了针对医疗保险的大幅度改革，建立一般疾病保险制度和附加保险制度，以及针对最贫困者的免付预付款制度。1999 年，法律强制规定，任何常住居民都可以获得医疗福利，而不附带其他任何条件。同一年，法国也阐明了非法国居民享受医疗保险的规则：能证明自己在法国停留三个月以上，收入低于一个固定数额的居民可以申请"国家医疗救助"（AME）。2000 年，通过对低收入人群提供免费医疗保险，法国医疗保障制度最终完成了实质上的全民覆盖。即使因无业不能缴纳社会保险金者，也可享受与缴纳社会保险金者同样的医疗保险待遇。对于严重的、慢性的、医疗费用昂贵的疾病以及外科手术，医疗费用可以全部报销；而对于小病和保健品则只可报销一部分费用。法国医疗卫生体系主要按居民的医疗需要进行分配，少部分重大疾病患者的经济风险被其他健康人群分担了，这充分体现了法国医疗卫生系统的公平和高效。法国的地方医疗保险公司与当地健康中心签约，规定患者到健康中心诊疗只支付个人应付的部分，其余部分直接与保险公司结算，这在很大程度上体现福利性与公平性。

为保障全体公民公平享有医疗卫生资源，法国一直注重区域卫生资源的配置。区域医疗卫生资源是否合理配置，将影响到整个区域卫生规划目标的实现、医疗服务质量的提高以及公众就医的可及性。2010 年，在新一轮医疗卫生改革中法国设立大区卫生局（ARS），在一定程度上保证法国能够有效地实施区域卫生规划，进行资源整合，提高卫生服务和医疗保险运行的公平与效率。ARS 在各地区现实的基础上，确定医疗资源配置的具体内容，主要包括 5 部分：区域内医院、医生、护士的数量和分布；区域内大型医疗设备配置的种类、数量和分布；区域内医院设置的科室数量及其提供的服务项目；区域内医疗服务的运行管理模式；区域内医疗卫生费用的控制。根据各地居民的不同需求对卫生资源加以计划安排和地方化，使之分布更趋合理，实现医疗资源在全国范围内的可及性与公平性。

(5) 英国公共卫生政策经验

2011年，英国人均公共卫生支出为2984美元，公共卫生支出占卫生总费用比例高达82.7%。2012年，英国人均预期寿命男性为79岁，女性为83岁。英国是最早实行全民免费医疗保障的国家，早在《贝弗里奇报告》出台之后，英国就设计了"从摇篮到坟墓"的一整套福利政策。英国的公共卫生制度的主要特征是高福利性和高公平性，保证公共卫生资源的公平分配。

英国卫生法认为：医疗资源是人人必需的生存资源，而非少数人显示特权的奢侈消费品。1944年，英国提出"国家卫生服务"的口号，其公共卫生制度旨在使所有公民均能无条件享受免费医疗，并提出医疗保险服务的3个原则：对每个人（包括农民）提供广泛的医疗服务，卫生服务经费全部或大部分从国家税收中支出，卫生服务由地段初级服务、地区医疗服务和中央医院服务三部分组成。1948年，英国政府正式颁布《国家卫生服务法》，规定凡英国居民都平等享受国家医院的免费医疗，其卫生服务经费全部或大部分从国家税收中支出。1964年，英国通过《国家卫生保健法》，规定"凡英国居民，无论其财产多少，均可免费得到公立医院（占95%以上）的医疗"，对所有公民提供免费医疗。

英国于1948年建立了国家卫生服务制度（NHS），卫生服务费用、实际雇用医生和几乎全部医院病床主要由国家财政提供，所有公民均可得到免费的医疗卫生服务。其服务宗旨是：不论个人收入状况如何，只依据人们的需要，提供全面的免费医疗服务。2005年，英国提出"患者导向的NHS"，目标是将NHS从一个只是提供公共卫生服务的组织转变为一个完全以患者为导向、积极回应他们的需要和希望的组织，让患者拥有更多的信息和选择。新一届政府又提出"公平和卓越——解放NHS"的核心理念，确保医疗卫生服务的质量和公平。英国NHS自建立以来，虽然几经执政党更替、卫生政策的变化，但是总体制度未变，即实行高福利的卫生服务制度："根据患者的医疗需求，而不是根据患者的支付能力"。始终坚持公平的原则，不管社会地位、经济状况、职业如何，全体居民享受到的卫生服务是一样的。

英国公共卫生制度的公平性体现在NHS的各项内容中,主要包括以下几方面:①在卫生服务资金来源上,几乎全部来自国家税收和社会保险基金,依靠政府的力量,确保卫生领域的公平性。英国的卫生服务体系符合"低投入、高回报"的要求,为实现卫生领域公平性目标提供了必要条件。②在卫生服务提供上,全科医生扮演了"守门人"的角色。"家庭医生"遍布全国各大城市、乡村,通过这些有组织的健康干预,能够及时地预防、筛检疾病,促进健康。在城市,基本上步行20分钟就可以找到"家庭诊所",这种模式使社区和大医院的卫生资源各尽其用,既经济又能解决大部分人的医疗需求,具有"覆盖面广"和"基本免费"的特点,有助于实现公平性。③医疗保险全民覆盖,费用主要通过政府税收供给,少部分人还有其他特殊专科服务的私人保险。对患者来说,实时看病是免费的,但是一生都在付费(缴税)。④在制度模式上实行城乡一体化,农村人口和城市人口实行同一医疗保障制度,没有任何差别。城乡一体化的医疗卫生制度,有利于卫生资源的合理配置,真正实现全体公民公平享有医疗卫生资源。

为了保障医疗服务的公平性,英国对特定的人群实施医疗救助。救助对象主要是:老年人、身体欠佳者、享受任何一项政府津贴者、税收抵免者和低收入者。救助政策详细规定了享受各种资助的资格条件,如"NHS低收入方案"可以为低收入者提供相关NHS自费费用资助,资助数量取决于申请者的收入状况和应付费用,有费用全免和部分免除两种形式。政策规定上学儿童、50岁以上老人、失业者、低收入者和怀孕妇女是不必付处方费用的,住院病人的所有药费也是免费的,而且据估计还有87种类型的英国国家医保所承担的疾病也不需要病人付费。同时,体弱多病经常需要支付处方费者还可通过购买预付凭证节省费用。英国医疗救助有严格的审批机制和约束机制,一旦查出弄虚作假者,将处以费用5倍的罚款。

(6)瑞典公共卫生政策经验

2011年,瑞典人均公共卫生支出4315美元,公共卫生支出占卫生总费用的80.9%。2012年,瑞典人均预期寿命男性为80岁,女性为84岁。历经三百多年的发展和完善,瑞典的公共卫生制度已成为世界公共卫生事业的一个楷模，这主要源于瑞典医疗体制的公平性及其在保障瑞典公民的健康方面所作出的突出贡献，保证全体公民享受一律平等的医疗服务。瑞典人普遍认为大众健康是一个国家或社会的最大财富，一个国家或社会发展经济的最终目的是为了大众的健康。

在瑞典，公共卫生（Public Health）内容指一切与全民健康问题有关的事业和工作，包括四大块内容：社会保障（Social Security）、临床医疗服务（Medical Care）、预防保健服务（Health Care）和疾病康复服务（Rehabilitation）。瑞典人认为在一个人健康时需要社会提供预防服务，生病时需要医疗服务，功能障碍时需要康复服务，无活动能力时需要社会保障服务，只有将这四部分工作融为一体才能实现人的生命健康愿望，才能保证大众健康。基于这种理念，瑞典的医疗体系与预防体系几乎是无法分开的，没有在医疗机构之外设立单独的疾病预防机构。比如查体、保健、咨询、预防免疫和基本医疗服务基本在社区医疗中心完成，由市级政府独立负责该部分的经费预算、财政税收、分配和管理协调。

瑞典的《国家卫生法》（Health Act）是规定国家卫生医疗框架和卫生体系运作模式及基本服务宗旨的根本大法。几经修改，目前瑞典的《国家卫生法》被高度概括为：为瑞典公民提供公平、高质量的医疗服务。"公平"和"高质量"成为《瑞典卫生法》的基本落脚点。在考虑医疗服务网点布局、医疗资源分配、医疗服务质量评价等关键问题上，医疗服务者和医疗服务管理者可以"公平"和"高质量"两个概念为基本参照来指导决策和实施。为公民提供平等的医疗服务是《瑞典卫生法》的基本内容，事实上，瑞典医疗卫生服务体系也做到了这一点。全体瑞典公民享受一律平等的医疗服务，体现在医疗服务的各个方面，比如瑞典公民享受统一的药品价格（无论在多远的山区，药品价格一样）；统一的医疗技术服务（全国的大部分医院具有相同的医疗设备和水平相同的医疗技术人员）；一致的医疗服务可及性（任何偏僻的山村都具有相应的医疗服务机构存在）等。对于外来移民在接受医疗服务时可能会因为语言障碍而影响医疗服务质量时，瑞典政府专门为此拨款聘用语言相通、有共同社会文化背景的医生为此类社区提供医疗服务，达到每个公民都享受平等的医疗服务的目标。

其中，公民对公共卫生资源的一致可及性充分体现瑞典公共卫生制度的公平性。瑞典政府为提高大众对医疗服务的可及性，不懈努力了近百年，从消除影响人们接受医疗服务的三大障碍入手，达到了真正意义上的医疗服务可及性：（1）时间上的可及性：门诊时间、住院等待时间是影响公众接受医疗服务的突出问题。瑞典政府采取增加医疗资源和加强服务管理两条腿走路的办法解决这一问题。在强化社区医疗服务质量的同时，规定医疗服务时间限制，使每个公民在零时间内接受医疗服务帮助，7天时间内接受专科医疗服务，90天内接受专科手术治疗。（2）地理上的可及性：瑞典医疗服务网点布局建立在居民点布局基础上，保证在瑞典国土上的每位公民与医疗服务网点的距离都不会太遥远，救护车在15分钟内可以到达。（3）经济支付能力的可及性：支付医疗服务费用是许多国家公民接受医疗服务的最大障碍。瑞典采取全民公费医疗服务体制，公民接受医疗服务时只需支付大约150—250元人民币的挂号费用和极少量的住院床位费用即可。对于无力支付挂号费的公民，年最高挂号费限价条例（既年挂号费超过1900元时将免挂号费）和社会保障系统将帮助支付和解决这一问题。只有对公共卫生资源具有一致的可及性，才能真正实现每个公民平等享受公共卫生服务。

## （三）政策建议

肯尼斯·阿罗（1963）在一篇有重大影响的论文中讨论了风险厌恶、道德危险、不对称信息和慈善行为外部性等对日后健康经济学有重大影响的问题。他发现健康状况和治疗结果的不确定性是从实证和规范角度理解医疗部门的关键，虽然如他所说"能否康复和会不会患病一样难以预料。"[①] 但是即便如此，即便无法改变健康状况，提供治疗和护理服务依然非常重要。因为广覆盖的国民医疗保险已被许多国家认为有利于社会团

---

① Arrow, Kenneth, "Uncertainty and the welfare economics of medical care", *American economic review*, 1963(12), 53(5), pp. 941–973.

结。人们对公平的需求随着时间推移而不断膨胀,而且这种需求更多地反映在医疗服务上。原因在于医疗服务所对应的健康是一种必需品①,它影响个人生活工作的方方面面,并且影响个人的社会经济地位。

我们必须承认的是没有一个国家能够向其所有国民提供可以满足其健康需求的所有健康保险,资源的固有稀缺性要求其必须经过配置,而每个社会面临的一个大挑战就是怎样尽可能公平地分配这些资源,并使资源发挥尽可能大的效用。对于与个人收入状况紧密相关的健康投资,公共健康投资的重点应该显著向贫困者和重病患者倾斜,以实现其减轻健康不平等和经济不平等的作用。市场不应该决定生死,一个社会的责任在于不能让收入的不平等分配也影响到某些关乎生死资源的配置。而对社会而言,与其费力增加最低收入,控制最高收入的再分配,莫不如更加有效地直接影响这类关乎生死的资源配置。

因此本书的研究结论认为,我们应当更加关注低收入群体应对健康风险的能力和利用医疗服务的状况。公平主义者认为获得基本的医疗服务是每个公民的基本权利。贫困不仅是低的收入水平,而且是掠夺了基本的能力;低收入只是贫困的外在表现,而对能力的剥夺,比如健康状况较差,才是贫困的本质。因此,与收入相比,健康、识字等才是对贫困或者对能力掠夺的直接度量,只有减少健康的不平等,提高穷人的健康状况才能从根本上提高人们的基本生存能力,实现减少贫困的目标。因此,研究贫困和低收入居民应对健康风险的机制,对于减少贫困也有重要意义。

在中青年的时候个人的收入能力更强,收入水平更高,但是此时的医疗支出相对较少;相反,进入老年阶段,从收入的生命周期理论来讲,收入不断下降,但是由于身体原因,医疗支出会迅速上升。因此,这里出现一个收入和支出的不匹配,随着我国人口老龄化的到来,整个国家的医疗体系和每个普通家庭都将面临更大的健康风险,并且必将支付更多的医疗

---

① 来自亚当·斯密(1776)对必需品的定义:"我知道不仅维持生活所必须的商品是必需品,而且那些根据一国的习俗,一旦失去,能使受尊敬的人变得哪怕有一点点粗鄙的东西,也是不可或缺的。"

费用,在这种情况下,医疗体系不可能对每个人都给予相同的关注,因此可以适当向老年人倾斜。从数据分析可以发现60岁到80岁的人均医疗支出与收入之间的距离非常小,而且在75岁左右达到医疗支出高峰阶段,医疗支出远远高于当年收入,因此中老年人面临健康风险很大,医疗支出负担很重,在社会保障不到位的情况下,他们应对高昂医疗支出的唯一渠道就是在年轻时候积累起来的储蓄或者子女的储蓄。这也可能是我国居民储蓄率居高不下的原因之一,人们为了预防生病而储蓄,不敢消费,不敢花钱,在当前不断鼓励扩大内需的政策下,人们的医疗负担不减轻,没有人敢透支消费。适当像中老年人倾斜,也是体现社会保障基本原则的政策"富者帮助穷者,健康者帮助生病者"。

缩小收入差距政策中,很重要的一个人力资本方面的政策是提高平均受教育水平,普及大众化教育。而既然健康和教育同为人力资本的一种,健康发挥作用的机理同样值得研究。因此,社会医疗保险和医疗救助一类的基本健康保障制度并非直接对健康起作用(参保人不可能因为保险和救助而健康),但是它可以通过改善参保人和受援者利用医疗服务的能力,促进对健康的维护,也就是说,此类保障制度能够激励参与者及时修复因疾病造成的身体损伤,从而恢复收入获得能力。另外,此类保障制度也并非能够直接减少贫穷(穷人不可能仅仅因为获得基本医疗保障而脱离贫困),但是它能够减轻医疗支出负担对家庭经济的冲击,预防贫穷的增加。换句话说,筹资充足和管理良好的医疗保险和医疗救助计划,通过风险分担机制,既能防止非穷人由于大额医疗支出而陷入贫穷,也能防止穷人因为治病而变得更穷,从而缩小不同社会群体之间的收入差距(朱玲,2008)。

# 参考文献

1. Amemiya, T. , "The Estimation of a Simultaneous Equation Generalized and Men's Health", *Journal of Health Economics* 1979,13: 163 –182.

2. Anand Sudhir & Ravallion, Martin, "Human Development in Poor Countries: On the Role of Private Incomes and Public Services", *Jounal of economic perspective*, 1993, Vol(7), pp. 133 –150.

3. Aronson, J. R. et. al. , "Redistributive effect and unequal tax treatment", *Economic Journal*, 1994,104, pp. 262 –270.

4. Bartel, A. & Taubman, P. , "Health and Labor Market Success: the Role of Various Diseases", *The Review of Economics and Statistics*, 1994, 61(1), pp. 1 –8.

5. Becker, G. S. , "Human Capital: A Theoretical and Empirical Analysis with Special Reference to Education", *National Bureau of Economic Research*, 1964, pp. 15 –16.

6. Becker, G. S. & Chiswick, B. R. , "Education and the Distribution of Earnings", *American Economic Review*, 1966, 56(1/23), 58 –369.

7. Becker, G. S. , "Schooling and Inequality from Generation to Generation: Comment", *Journal of Political Economy*, 1972, vol. 80(3), pp. 252 –255.

8. Benitez-Silva, et. al. , "How Large is the Bias in Self-assessed Disability?" *Journal of Applied Econometrics*, 1974, 19, pp. 649 –670.

9. Bhargava, et. al. , "Modeling the Effects of Health on Economic Growth", *Journal of Health Economics* 2001, 20, pp. 423 – 440.

10. Bloom, D. E. and Canning, D. , "The Health and Wealth of Nations", *Science*, 2000, 287(18), pp. 1207 – 1209.

11. Bloom, D. E. , Sachs, J. D. , "Geography, Demography, and Economic Growth in Africa", *Brookings Papers on Economic Activities*, 1998, Vol. 2, pp. 207 – 295.

12. Bound, J. , "Self-reported Versus Objective Measures of Health in Retirement Models", *Journal of Human Resources*, 1991, 26(1), pp. 106 – 138.

13. Bound, J. et al. , "The Dynamic Effects of Health on the Labor Force Transitions of Older Workers", *Labor Economics*, 1999, vol. 6, pp. 179 – 202.

14. Cai and Kalb, G. , "Health Status and Labor Force Participation: Evidence from Australia", *Health Economics*, 2006, vol. 15, no. 3, pp. 241 – 261.

15. Campolieti, "Disability and Labor Force Participation of Older Men in Canada", *Labor Economics*, 2002, No. 9, pp. 405 – 432.

16. Case, et. al. , "Economic Status and Health in Childhood: The Origins of the Gradient", *American Economic Review*, 2000, Vol. 92, No. 5, pp. 1308 – 1334.

17. Anne Case and Angus Deaton, "Health and Wealth among the Poor: India and South Africa Compared", *Working Paper*, No. 169, 2005.

18. Yuyu Chen, Li-An Zhou, "The Long-term Health and Economic Consequences of The 1959 – 1961 Famine in China", *Journal of Health Economics* 2007, No. 26, pp. 659 – 681.

19. Chirikos, T. N. and G. Nestel, "Further Evidence on the Economic Effects of Poor Health", *Review of Economics and Statistics*, 1985, 67: pp. 61 – 69.

20. Chirikos, T. N. , "Relationship between Health and Labor Market Status", *Annual Reviews of Public Health*, 1993, 14: pp. 293 – 312.

21. Connelly, et. al. , "Health Perceptions of Primary Care Patients and the Influence on Health Care Utilization", *Medical Care*, 1989, vol. 27, pp. S99

—S109.

22. Cropper, M. L. , "Health, Investment in Health and Occupational Choice", *Journal of Political Economy*, 1997, Vol. 85, pp. 1273 – 1294.

23. Currie. et. al. , "Socioeconomic Status and Child Health: Why Is the Relationship Stronger for Older Children?" *American Economic Review*, 2001, Vol. 93, No. 5. pp. 1813 – 1823.

24. Currie J. , Madrian B. C. , "Health, Health Insurance and the Labor Market", in *Handbook of Labor Economics*, Ashenfelter O. , D. Card, (eds. ) Amsterdam, North Holland, 1999, pp. 3309 – 3416.

25. Deaton, A. and C. Paxson, "Mortality, Income, and Income Inequality over Time in Britain and the United States", In D. A. Wise, ed. , *Perspectives on the Economics of Aging*. Chicago: University of Chicago Press, 2004, pp. 247 – 279.

26. Deng & Treiman, "The Impact of the Cultural Revolution on Trends in Educational Attainment in the People's Republic of China", *American Journal of Sociology*, 1997, Vol. 103 No. 2, pp. 391 – 428.

27. Disney, R. , et. al. , "Ill Health and Retirement in Britain: A Panel Data-based Analysis", *Journal of Health Economics*, 2006, vol. 25, pp. 621 – 649.

28. Doorslaer, E. V. , et. al. , "Income-related Inequalities in Health: Some International Comparisons", *Journal of Health Economics*, 1997 (16), pp. 93 – 112.

29. Dwyer, D. S. , Mitchell, O. S. , "Health Problems as Determinants of Retirement: Are Self-rated Measures Endogenous?" *Journal of Health Economics*, 1999, Vol. 18, No. 2, pp. 173 – 193.

30. Fields, G. S. , "Accounting For Income Inequality and Its Changes: A New Method with Application to the Distribution of Earnings in the United States." *Labour Economics*, 2003, vol. 22, pp. 1 – 38.

31. Fuchs, V. R. , "Self-employment and Labor-force Participation of Older Males", *Journal of Human Resources*, 1982, vol. 17: 339 – 357.

32. Gannon, B. , "A dynamic Analysis of Disability and Labour Force Participation in Ireland 1995 – 2000", Health Economics, 2004, No. 14, pp. 925 – 938.

33. Grossman, M. and Benham, L. , "Health, Hours and Wages", in: Perlman, M. , Editor, The Economics of Health and Medical Care, Macmillan, London, 1974, pp. 205 – 233.

34. Grossman, M. , "On the Concept of Health Capital and The Demand for Health", Journal of Political Economy, 1972, vol. 80, No. 2, pp. 223 – 255.

35. Haveman, R. H. , Wolfe, B. , "Schooling and Economic Well-being: The Role of Nonmarket effects", Jounal of Human Resource, 1984, Vol. 19, p, 377.

36. Idler, E. L. and Kasl, S. V. , "Self-Ratings of Health: Do They Also Predict Change in Functional Ability?" Journal of Gerontology, 1995, 50B, pp. 344 – 353.

37. Jacob Mincer, "Investment in Human Capital and Personal Income Distribution", Joural of Population Economics, 1958, Vol. 66, pp. 281 – 302.

38. Jacob Nielsen Arendt, "Does Education Cause Better Health? A Panel Data Analysis Using School Reforms for Identification", Economics of Education Review, 2005(24), pp. 149 – 160.

39. Juhn, C. , Murphy, K. M. , & Pierce, B. , "Wage Inequality and the Rise in Returns to Skill". Journal of Political Economy, 1993, 101(3), pp. 410 – 442.

40. Kreider, B. , "Latent Work Disability and Reporting Bias", Journal of Human Resources, 1999, 34(4): 734 – 769.

41. Lee, L. , "Health and Wages: A Simultaneous Equation Model with Multiple Discrete Indicators", International Economic Review, 1982, 23, pp. 199 – 221.

42. Liu, et. al. , "Income Productivity in China: On the Role of Health", Journal of Health Economics, 2008, Vol. 27, pp. 27 – 44.

43. Maddala, G. , "Limited Dependent and Qualitative Variables in Econometrics", New York: Cambridge University Press, 1983.

44. Maddox, G. and Douglas, E. , "Self-Assessment of Health: A Longitudinal Study of Elderly Subject", *Journal of Health and Social Behavior*, 1973, 14, pp. 87 – 93.

45. Mary A. Silles, "The Causal Effect of Education on Health: Evidence from The United Kingdom", *Economics of Education Review*, 2009, Vol. 28, pp. 122 – 128.

46. Mincer Jacob, "Schooling, Experience and Earnings", Columbia University Press: New York, 1974.

47. Mossey, J. M. and Shapiro, E. , "Self Rated Health: A Predictor of Mortality among the Elderly", *American Journal of Public Health*, 1982, 72: 800 – 808.

48. Mushkin, S. J. , "Health as An Investment", *Journal of Political Economy*, 1962, Vol. 70, No. 5. pp. 129 – 157.

49. Owen O'Donnell, et. al. , "Analyzing Health Equity Using Household Survey Data", The international Bank for Reconstruction and Development / The World Bank, 1818 H Street, NW, 2008.

50. Park, K. H. , "Educational Expansion and Educational Inequality on Income Distribution", *Economics of Education Review*, 1996, 15, pp. 51 – 58.

51. Parsons, D. O. , "Health, Family Structure, and Labor Supply", *American Economic Review*, 1977, 67, pp. 703 – 712.

52. Ross C. E. , Wu, "The Links Between Education and Health", *American Sociological Review*, 1995, Vol. 60, No. 5, pp. 719 – 745.

53. Ryan Wells, "Education's Effect on Income Inequality: An Economic Globalisation Perspective", *Globalisation, Societies and Education*, 2006, Vol. 4 (3), pp. 371 – 391.

54. Schultz, T. W. , "The Economic Value of Education", New York: Columbia University Press, 1963, pp. 33 – 34.

55. Schultz, T. W. , "Investment in Human Capital", *American Economic Review*, 1961, 51(1): 1 – 17.

56. Schultz, T. W. , "The Formation of Human Capital by Education", *Journal of Political Economy*, 1960, 68(6): 571 – 583.

57. Sen, A. , "Why Health Equity?" *Health Economics*, 2003, 11(8), pp. 659 – 666.

58. G. K. Shastry and D. N. Weil, "How Much of Cross-Country Income Variation is Explained by Health?" *Journal of the European Economic Association*, 2003, 1(2 – 3): 387 – 396.

59. Sickles, R. and Taubman, P. , "An Analysis of the Health and Retirement Status of the Elderly", *Econometrica*, 1986, 54: 1339 – 1356.

60. Smith R. J. , Blundell, "An Exogeneity Test for a Simultaneous Equation Tobit Model with an Application to Labor Supply", *Econometrica*, 1986, 54: 679 – 685.

61. S. Stern, "Measuring the Effect of Disability on Labor Force Participation", *Journal of Human Resources*, 1989, 24(3): 361 – 395.

62. J. Strauss and D. Thomas, "Health, Nutrition and Economic Development", *Journal of Economic Literature*, 1998, vol. 35, pp. 766 – 817.

63. J. Tinbergen, "The Impact of Education on Income Distribution", *Review of Income and Wealth*, 1972, 16(2): 221 – 234.

64. Wagsmff, A. , E. van Dootslaer, "Measuring Inequalities in Health in The Presence of Multiple-category Morbidity Indicators", *Health Economics*, 1994, (3)281 – 291.

65. Wagstaff A. , et al. , "The Redistributive Effect of Health Care Finance in Twelve OECD Countries", *Journal of Health Economics*, June, 1999, 18(3), pp. 291 – 314.

66. Wagstaff Adam, "Socioeconomic Inequalities in Child Mortality: Developing Countries", *Bulletin of the World Health Organization*, 2000, vol. 78, pp. 19 – 29.

67. A. Wagstaff, et. al, "On Decomposing Health Sector Inequalities, with An Application to Malnutrition Inequalities in Vietnam", *Journal of Econometrics*,

2003, vol. ,112, pp. 219 – 227.

68. A. Wagstaff, M. Lindelow, "Can Insurance Increase Financial Risk?" *Health Economy*, 2008, Vol. 2, pp. 1 – 16.

69. Winegarden C. R. , "Schooling and Income Distribution: Evidence from International Data", *Economica*, 1979, pp. 46:83 – 87.

70. 蔡昉（主编）：《中国人口与劳动问题报告：2004 人口转变与教育发展》，中国社科文献出版社 2004 年版。

71. 樊明：《健康经济学》，社会科学文献出版社 2002 年版。

72. 维克托·R. 福克斯：《谁将生存？健康、经济学和社会选择》，罗汉等译，上海人民出版社 2000 年版。

73. ［美］赫希曼：《经济发展战略》，曹征海、潘照东译，经济科学出版社 1991 年版。

74. 王小鲁、樊刚：《中国收入分配差距的变动趋势和影响因素》，中国远东出版社 2005 版。

75. 蔡昉等：《劳动力市场扭曲对区域差异差距的影响》，载《中国社会科学》，2001 年第 1 期。

76. 蔡昉：《城乡收入差距与制度变革的临界点》，载《中国社会科学》，2003 年第 5 期。

77. 陈玉宇、邢春冰：《农村工业化以及人力资本在农村劳动力市场中的角色》，载《经济研究》，2004 年第 8 期。

78. 陈宗胜，周云波：《城镇居民收入差别》，载《经济学季刊》，2002 年第 3 期。

79. 李春玲：《社会政治变迁与教育机会不平等——家庭背景及制度因素对教育获得的影响（1940—2001）》，载《中国社会科学》，2003 年第 3 期。

80. 李实、罗楚亮：《中国城乡居民收入差距的重新估计》，载《北京大学学报》，2007 年第 3 期。

81. 李实等:《中国经济转型与收入分配变动》,载《经济研究》,1998年第4期。

82. 刘宝、胡善联:《社会经济变革背景下的健康不平等研究》,载《中国卫生经济》,2002年第9期。

83. 刘国恩等:《中国的健康人力资本与收入增长》,载《经济学季刊》,2004年第1期。

84. 罗凯:《健康人力资本与经济增长:中国分省数据证据》,载《经济科学》,2006年第4期。

85. 孟庆国、胡鞍钢:《消除健康贫困应成为农村卫生改革与发展的优先战略》,载《中国卫生资源》,2000年第6期。

86. 孟庆跃:《中国卫生保健体制改革与健康公平》,载《中国卫生经济》,2007年第6期。

87. 齐良书:《收入、收入不均与健康:城乡差异和职业地位的影响》,载《经济研究》,2006年第11期。

88. 任兆璋、范闽:《健康对劳动参与的多值效应分析》,载《广东社会科学》,2006年第1期。

89. 孙昂、姚洋:《劳动力的大病对家庭教育投资行为的影响》,载《世界经济文汇》,2006年第1期。

90. 王弟海等:《健康人力资本、健康投资和经济增长——以中国跨省数据为例》,载《管理世界》,2008年第3期。

91. 王俊、昌忠泽:《中国宏观健康生产函数:理论与实证》,载《南开经济研究》,2007年第2期。

92. 张车伟:《营养、健康与效率——来自中国贫困农村的证据》,载《经济研究》,2003年第1期。

93. 赵忠:《我国农村人口的健康状况及影响因素》,载《管理世界》,2006年第5期。

94. 朱玲:《政府与农村基本医疗保障制度选择》,载《中国社会科学》,2000年第4期。

95. 朱玲:《健康投资与人力资本理论》,载《经济学动态》,2002年第8期。

96. 朱玲:《经济全球化与健康脆弱性》,载《科学决策月刊》,2008年第1期。

97. 魏众:《健康与非农就业的关系》,中国社会科学院2003博士论文。

98. 解奎:《城乡卫生医疗服务均等化研究》,山东大学2009年博士论文。

图书在版编目（CIP）数据

健康对中国经济不平等的影响 / 田艳芳著.
—北京：中央编译出版社，2015.5

ISBN 978 – 7 – 5117 – 2645 – 2

Ⅰ. ①健… Ⅱ. ①田… Ⅲ. ①健康 – 关系 – 中国经济
– 研究 Ⅳ. ①R161 ②F12

中国版本图书馆 CIP 数据核字（2015）第 090755 号

## 健康对中国经济不平等的影响

| | |
|---|---|
| 出 版 人： | 刘明清 |
| 责任编辑： | 盛菊艳 |
| 责任印制： | 尹 珺 |
| 出版发行： | 中央编译出版社 |
| 地　　址： | 北京西城区车公庄大街乙 5 号鸿儒大厦 B 座（100044） |
| 电　　话： | （010）52612345（总编室）　　（010）52612335（编辑室） |
| | （010）52612316（发行部）　　（010）52612317（网络销售） |
| | （010）52612346（馆配部）　　（010）55626985（读者服务部） |
| 传　　真： | （010）66515838 |
| 经　　销： | 全国新华书店 |
| 印　　刷： | 北京中兴印刷有限公司 |
| 开　　本： | 787 毫米×1092 毫米　1/16 |
| 字　　数： | 155 千字 |
| 印　　张： | 10.25 |
| 版　　次： | 2015 年 5 月第 1 版第 1 次印刷 |
| 定　　价： | 32.00 元 |

| | |
|---|---|
| 网　　址： | www.cctphome.com　　邮　箱：cctp@ cctphome.com |
| 新浪微博： | @中央编译出版社　　　微　信：中央编译出版社（ID：cctphome） |
| 淘宝店铺： | 中央编译出版社直销店（http://shop108367160.taobao.com）　（010）52612349 |

**本社常年法律顾问：北京市吴栾赵阎律师事务所律师　闫军　梁勤**
**凡有印装质量问题，本社负责调换。电话：（010）55626985**